TRAVEL GUIDE TO THE PURE LAND

浄土の歩き方

行きたいと思ったときに
来てくれるのが阿弥陀の国！

英月
Eigetsu

春秋社

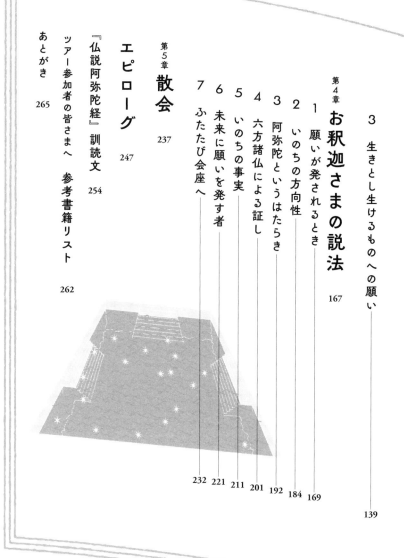

仏《ぶっ》説《せつ》阿《あ》弥《み》陀《だ》経《きょう》

姚《よう》秦《しん》三《さん》蔵《ぞう》法《ほう》師《し》鳩《く》摩《ま》羅《ら》什《じゅう》奉《ぶ》詔《じょう》訳《やく》

如《にょ》是《ぜ》我《が》聞《もん》。一時《いちじ》仏《ぶつ》、在《ざい》舎《しゃ》衛《え》国《こく》、祇《ぎ》樹《じゅ》給《ぎっ》孤《こ》独《どく》園《おん》、与《よ》大《だい》比《び》丘《く》衆《しゅ》、千《せん》二《に》百《ひゃく》五《ご》十《じゅう》人《にん》倶《く》。皆《かい》是《ぜ》大《だい》阿《あ》羅《ら》漢《かん》。衆《しゅ》所《しょ》知《ち》識《しき》。長《ちょう》老《ろう》舎《しゃ》利《り》弗《ほつ》、摩《ま》訶《か》目《もっ》犍《けん》連《れん》、摩《ま》訶《か》迦《か》葉《しょう》、摩《ま》訶《か》迦《か》旃《せん》延《ねん》、摩《ま》訶《か》倶《く》絺《ち》羅《ら》、離《り》婆《は》多《だ》、周《しゅ》梨《り》槃《はん》陀《だ》迦《か》、難《なん》陀《だ》、阿《あ》難《なん》陀《だ》、羅《ら》睺《ご》羅《ら》、憍《きょう》梵《ぼん》波《は》提《だい》、賓《びん》頭《ず》盧《る》頗《は》羅《ら》堕《だ》、迦《か》留《る》陀《だ》夷《い》、摩《ま》訶《か》劫《こう》賓《ひん》那《な》、薄《はっ》拘《く》羅《ら》、阿《あ》㝹《ぬ》楼《る》駄《だ》、如《にょ》是《ぜ》等《とう》、諸《しょ》大《だい》弟《で》子《し》、并《びょう》諸《しょ》菩《ぼ》薩《さつ》摩《ま》訶《か》薩《さつ》、文《もん》殊《じゅ》師《し》利《り》法《ほう》王《おう》子《じ》、阿《あ》逸《いっ》多《た》菩《ぼ》薩《さつ》、乾《けん》陀《だ》訶《か》提《だい》菩《ぼ》薩《さつ》、常《じょう》精《しょう》進《じん》菩《ぼ》薩《さつ》、与《よ》如《にょ》是《ぜ》等《とう》、諸《しょ》大《だい》菩《ぼ》薩《さつ》、及《ぎっ》釈《しゃく》提《だい》桓《かん》因《いん》等《とう》、無《む》量《りょう》諸《しょ》天《てん》、大《だい》衆《しゅ》倶《く》。

爾《に》時《じ》仏《ぶっ》告《こう》、長《ちょう》老《ろう》舎《しゃ》利《り》弗《ほつ》、従《じゅう》是《ぜ》西《さい》方《ほう》、過《か》十《じゅう》万《まん》億《おく》仏《ぶっ》土《ど》、有《う》世《せ》界《かい》、名《みょう》曰《わつ》極《ごく》楽《らく》。其《ご》土《ど》有《う》仏《ぶつ》。号《ごう》阿《あ》弥《み》陀《だ》。今《こん》現《げん》在《ざい》説《せっ》法《ぽう》。

舎《しゃ》利《り》弗《ほつ》、彼《ひ》土《ど》何《が》故《こ》、名《みょう》為《い》極《ごく》楽《らく》。其《ご》国《こく》衆《しゅ》生《じょう》、無《む》有《う》衆《しゅ》苦《く》、但《たん》受《じゅ》諸《しょ》楽《らく》。故《こ》名《みょう》極《ごく》楽《らく》。

又《う》舎《しゃ》利《り》弗《ほつ》、極《ごく》楽《らく》国《こく》土《ど》、七《しち》重《じゅう》欄《らん》楯《じゅん》、七《しち》重《じゅう》羅《ら》網《もう》、七《しち》重《じゅう》行《ごう》樹《じゅ》。皆《かい》是《ぜ》四《し》宝《ほう》、周《しゅう》帀《そう》囲《い》繞《にょう》。是故《ぜこ》彼国《ひこく》、名曰極楽《みょうわつごくらく》。

又舎利弗《うしゃりほつ》、極楽国土《ごくらくこくど》、有七宝池《うしっぽうち》。八功徳水《はっくどくすい》、充満其中《じゅうまんごちゅう》。池底純以《ちていじゅんい》、金沙布《こんしゃふ》地《じ》。四辺階道《しへんかいどう》、金銀瑠璃《こんごんるり》、玻瓈合成《はりごうじょう》。上有楼閣《じょううろうかく》、亦以金銀瑠璃《やくいこんごんるり》、玻瓈硨磲《はりしゃこ》、赤珠碼碯《しゃくしゅめのう》、而厳飾之《にごんじきし》。池中蓮華《ちちゅうれんげ》、大如車輪《だいにょしゃりん》。青色青光《しょうしきしょうこう》、黄色黄光《おうしきおうこう》、赤色《しゃくしき》赤光《しゃくこう》、白色白光《びゃくしきびゃくこう》、微妙香潔《みみょうこうけつ》。舎利弗《しゃりほつ》、極楽国土《ごくらくこくど》、成就如是《じょうじゅにょぜ》、功徳荘厳《くどくしょうごん》。

又舎利弗《うしゃりほつ》、彼仏国土《ひぶっこくど》、常作天楽《じょうさてんがく》。黄金為地《おうごんいじ》。昼夜六時《ちゅうやろくじ》、而雨曼陀羅華《にうまんだらけ》。其国《ごこく》衆生《しゅじょう》、常以清旦《じょういしょうたん》、各以衣裓《かくいえこく》、盛衆妙華《じょうしゅみょうけ》、供養他方《くようたほう》、十万億仏《じゅうまんおくぶつ》。即以食時《そくいじきじ》、還到本国《げんとうほんごく》、飯食経行《ぼんじききょうぎょう》。舎利弗《しゃりほつ》、極楽国土《ごくらくこくど》、成就如是《じょうじゅにょぜ》、功徳荘厳《くどくしょうごん》。

復次舎利弗《ぶししゃりほつ》、彼国常有《ひこくじょうう》、種種奇妙《しゅじゅきみょう》、雑色之鳥《ざっしきしちょう》。白鵠孔雀《びゃっこうくじゃく》、鸚鵡舎利《おうむしゃり》、迦陵《かりょう》頻伽《びんが》、共命之鳥《ぐみょうしちょう》。是諸衆鳥《ぜしょしゅちょう》、昼夜六時《ちゅうやろくじ》、出和雅音《すいわげおん》。其音演暢《ごおんえんちょう》、五根五力《ごこんごりき》、七菩提分《しちぼだいぶん》、八聖道分《はちしょうどうぶん》、如是等法《にょぜとうほう》。其土衆生《ごどしゅじょう》、聞是音已《もんぜおんい》、皆悉念仏念法念僧《かいしつねんぶつねんぽうねんそう》。舎利弗《しゃりほつ》、汝勿謂此鳥《にょもついしちょう》、実是罪報所生《じつぜざいほうしょしょう》。所以者何《しょいしゃが》。彼仏国土《ひぶっこくど》、無三悪趣《むさんあくしゅ》。舎《しゃ》利弗《りほつ》、其仏国土《ごぶっこくど》、尚無三悪道之名《しょうむさんあくどうしみょう》。何況有実《がきょううじつ》。是諸衆鳥《ぜしょしゅちょう》、皆是阿弥陀仏《かいぜあみだぶつ》、欲令法音宣流《よくりょうほうおんせんる》、変化所作《へんげしょさ》。舎利弗《しゃりほつ》、彼仏国土《ひぶっこくど》、微風吹動《みふうすいどう》、諸宝行樹《しょほうごうじゅ》、及宝《ぎっぽう》羅網《らもう》、出微妙音《すいみみょうおん》。譬如百千種楽《ひにょひゃくせんしゅがく》、同時倶作《どうじぐさ》。聞是音者《もんぜおんしゃ》、皆自然生《かいじねんしょう》、念仏念《ねんぶつねん》法念僧之心《ぽうねんそうししん》。舎利弗《しゃりほつ》、其仏国土《ごぶっこくど》、成就如是《じょうじゅにょぜ》、功徳荘厳《くどくしょうごん》。

舎利弗《しゃりほつ》、於汝意云何《おにょいうんが》。彼仏何故《ひぶつがこ》、号阿弥陀《ごうあみだ》。舎利弗《しゃりほつ》、彼仏光明無量《ひぶつこうみょうむりょう》、照十《しょうじっ》方国《ぽうこく》、無所障礙《むしょしょうげ》。是故号為阿弥陀《ぜこごういあみだ》。又舎利弗《うしゃりほつ》、彼仏寿命《ひぶつじゅみょう》、及其人民《ぎゅうごにんみん》、無量《むりょう》無辺《むへん》、阿僧祇劫《あそうぎこう》。故名阿弥陀《こみょうあみだ》。

舎利弗《しゃりほつ》、阿弥陀仏《あみだぶつ》、成仏已来《じょうぶついらい》、於今十劫《おこんじっこう》。又舎利弗《うしゃりほつ》、彼仏有無量無辺《ひぶつうむりょうむへん》、声《しょう》聞弟子《もんでし》。皆阿羅漢《かいあらかん》。非是算数《ひぜさんじゅ》、之所能知《ししょのうち》。諸菩薩衆《しょぼさつしゅ》、亦復如是《やくぶにょぜ》。舎利弗《しゃりほつ》、彼《ひ》仏国土《ぶっこくど》、成就如是《じょうじゅにょぜ》、功徳荘厳《くどくしょうごん》。

又舎利弗《うしゃりほつ》、極楽国土《ごくらくこくど》、衆生生者《しゅじょうしょうしゃ》、皆是阿鞞跋致《かいぜあびばっち》。其中多有《ごちゅうたう》、一生補処《いっしょうふしょ》。其《ご》数甚多《しゅじんた》。非是算数《ひぜさんじゅ》、所能知之《しょのうちし》。但可以無量無辺《たんかいむりょうむへん》、阿僧祇劫説《あそうぎこうせつ》。

舎利弗《しゃりほつ》、衆生聞者《しゅじょうもんしゃ》、応当発願《おうとうほつがん》、願生彼国《がんしょうひこく》。所以者何《しょいしゃが》。得与如是《とくよにょぜ》、諸上善人《しょじょうぜんにん》、倶会一処《くえいっしょ》。舎利弗《しゃりほつ》、不可以少善根《ふかいしょうぜんごん》、福徳因縁《ふくとくいんねん》、得生彼国《とくしょうひこく》。

舎利弗《しゃりほつ》、若有善男子善女人《にゃくうぜんなんしぜんにょにん》、聞説阿弥陀仏《もんせつあみだぶつ》、執持名号《しゅうじみょうごう》、若一日《にゃくいちにち》、若二日《にゃくににち》、若三日《にゃくさんにち》、若四日《にゃくしにち》、若五日《にゃくごにち》、若六日《にゃくろくにち》、若七日《にゃくしちにち》、一心不乱《いっしんふらん》、其人臨命終時《ごにんりんみょうじゅうじ》、阿弥陀仏《あみだぶつ》、与諸聖衆《よしょしょうじゅ》、現在其前《げんざいごぜん》。是人終時《ぜにんじゅうじ》、心不顛倒《しんふてんどう》、即得往生《そくとくおうじょう》、阿弥陀仏《あみだぶつ》、極楽国土《ごくらくこくど》。舎利弗《しゃりほつ》、我見是利《がけんぜり》、故説此言《こせつしごん》。若有衆生《にゃくうしゅじょう》、聞是説者《もんぜせつしゃ》、応当発願《おうとうほつがん》、生彼《しょうひ》国土《こくど》。

舎利弗《しゃりほつ》、如我今者《にょがこんしゃ》、讃歎《さんだん》阿弥陀仏《あみだぶつ》、不可思議功徳《ふかしぎくどく》、東方亦有《とうほうやくう》、阿閦鞞仏《あしゅくびぶつ》、須《しゅ》弥相仏《みそうぶつ》、大須弥仏《だいしゅみぶつ》、須弥光仏《しゅみこうぶつ》、妙音仏《みょうおんぶつ》、如是等《にょぜとう》、恒河沙数諸仏《ごうがしゃしゅしょぶつ》、各於其国《かくおごこく》、出広長舌相《すいこうちょうぜっそう》、遍覆三千大千世界《へんぶさんぜんだいせんせかい》、説誠実言《せつじょうじつごん》。汝等衆生《にょとうしゅじょう》、当信是称讃《とうしんぜしょうさん》、不可《ふか》思議功徳《しぎくどく》、一切諸仏《いっさいしょぶつ》、所護念経《しょごねんぎょう》。

舎利弗《しゃりほつ》、南方世界《なんぼうせかい》、有日月灯仏《うにちがっとうぶつ》、名聞光仏《みょうもんこうぶつ》、大焔肩仏《だいえんけんぶつ》、須弥灯仏《しゅみとうぶつ》、無量精《むりょうしょう》進仏《じんぶつ》、如是等《にょぜとう》、恒河沙数諸仏《ごうがしゃしゅしょぶつ》、各於其国《かくおごこく》、出広長舌相《すいこうちょうぜっそう》、遍覆三千大千世界《へんぶさんぜんだいせんせかい》、説誠実言《せつじょうじつごん》。汝等衆生《にょとうしゅじょう》、当信是称讃《とうしんぜしょうさん》、不可思議功徳《ふかしぎくどく》、一切諸仏《いっさいしょぶつ》、所護念経《しょごねんぎょう》。

舎利弗《しゃりほつ》、西方世界《さいほうせかい》、有無量寿仏《うむりょうじゅぶつ》、無量相仏《むりょうそうぶつ》、無量幢仏《むりょうどうぶつ》、大光仏《だいこうぶつ》、大明仏《だいみょうぶつ》、宝相仏《ほうそうぶつ》、浄光仏《じょうこうぶつ》、如是等《にょぜとう》、恒河沙数諸仏《ごうがしゃしゅしょぶつ》、各於其国《かくおごこく》、出広長舌相《すいこうちょうぜっそう》、遍覆三《へんぶさん》千大千《ぜんだいせん》世界《せかい》、説誠実言《せつじょうじつごん》。汝等衆生《にょとうしゅじょう》、当信是称讃《とうしんぜしょうさん》、不可思議功徳《ふかしぎくどく》、一切諸仏《いっさいしょぶつ》、所護念経《しょごねんぎょう》。

舎利弗《しゃりほつ》、北方《ほっぽう》世界《せかい》、有焔肩仏《うえんけんぶつ》、最勝音仏《さいしょうおんぶつ》、難沮仏《なんそぶつ》、日生仏《にっしょうぶつ》、網明仏《もうみょうぶつ》、如是等《にょぜとう》、恒河沙数諸仏《ごうがしゃしゅしょぶつ》、各於其国《かくおごこく》、出広長舌相《すいこうちょうぜっそう》、遍覆三千大千世界《へんぷさんぜんだいせんせかい》、説誠実言《せつじょうじつごん》。汝等衆生《にょとうしゅじょう》、当信是称讃《とうしんぜしょうさん》、不可思議功徳《ふかしぎくどく》、一切諸仏《いっさいしょぶつ》、所護念経《しょごねんぎょう》。

舎利弗《しゃりほつ》、下方世界《げほうせかい》、有師子仏《うししぶつ》、名聞仏《みょうもんぶつ》、名光仏《みょうこうぶつ》、達摩仏《だつまぶつ》、法幢仏《ほうどうぶつ》、持法仏《じほうぶつ》、如是等《にょぜとう》、恒河沙数諸仏《ごうがしゃしゅしょぶつ》、各於其国《かくおごこく》、出広長舌相《すいこうちょうぜっそう》、遍覆三千大千世界《へんぷさんぜんだいせんせかい》、説誠実言《せつじょうじつごん》。汝等衆生《にょとうしゅじょう》、当信是称讃《とうしんぜしょうさん》、不可思議功徳《ふかしぎくどく》、一切諸仏《いっさいしょぶつ》、所護念経《しょごねんぎょう》。

舎利弗《しゃりほつ》、上方世界《じょうほうせかい》、有梵音仏《うぼんおんぶつ》、宿王仏《しゅくおうぶつ》、香上仏《こうじょうぶつ》、香光仏《こうこうぶつ》、大焔肩仏《だいえんけんぶつ》、雑色《ざっしき》宝華厳身仏《ほうけごんしんぶつ》、娑羅樹王仏《しゃらじゅおうぶつ》、宝華徳仏《ほうけとくぶつ》、見一切義仏《けんいっさいぎぶつ》、如須弥山仏《にょしゅみせんぶつ》、如是等《にょぜとう》、恒《ごう》河沙数《がしゃしゅ》諸仏《しょぶつ》、各《かく》於《お》其国《ごこく》、出《すい》広《こう》長《ちょう》舌相《ぜっそう》、遍覆《へんぷ》三千大千世界《さんぜんだいせんせかい》、説《せつ》誠実《じょうじつ》言《ごん》。汝等《にょとう》衆生《しゅじょう》、当《とう》信《しん》是《ぜ》称讃《しょうさん》、不可思議《ふかしぎ》功徳《くどく》、一切《いっさい》諸仏《しょぶつ》、所《しょ》護念《ごねん》経《ぎょう》。

舎利弗《しゃりほつ》、於《お》汝《にょ》意《い》云何《うんが》。何故《がこ》名《みょう》為《い》、一切《いっさい》諸仏《しょぶつ》、所《しょ》護念《ごねん》経《ぎょう》。舎利弗《しゃりほつ》、若《にゃく》有《う》善男《ぜんなん》子《し》善女人《ぜんにょにん》、聞《もん》是《ぜ》諸仏《しょぶつ》所説《しょせつ》名《みょう》、及《ぎゅう》経《きょう》聞者《もんしゃ》、是《ぜ》諸《しょ》善男子《ぜんなんし》善女人《ぜんにょにん》、皆《かい》為《い》一切《いっさい》諸仏《しょぶつ》、共《ぐ》所《しょ》護念《ごねん》、皆得《かいとく》不退転《ふたいてん》、於《お》阿耨多羅三藐三菩提《あのくたらさんみゃくさんぼだい》。是故《ぜこ》舎利弗《しゃりほつ》、汝等《にょとう》皆当《かいとう》、信受《しんじゅ》我語《がご》、及《ぎゅう》諸仏《しょぶつ》所説《しょせつ》。舎利弗《しゃりほつ》、若有《にゃくう》人《にん》、已《い》発願《ほつがん》、今《こん》発願《ほつがん》、当《とう》発願《ほつがん》、欲生《よくしょう》阿弥陀《あみだ》仏国《ぶっこく》者《しゃ》、是《ぜ》諸人等《しょにんとう》、皆得《かいとく》不退転《ふたいてん》、於《お》阿耨多羅三藐三菩提《あのくたらさんみゃくさんぼだい》、於《お》彼国土《ひこくど》、若已生《にゃくいしょう》、若今生《にゃくこんじょう》、若当生《にゃくとうしょう》。是故《ぜこ》舎利弗《しゃりほつ》、諸《しょ》善男子《ぜんなんし》善女人《ぜんにょにん》、若有《にゃくう》信者《しんじゃ》、応当《おうとう》発願《ほつがん》、生《しょう》彼国土《ひこくど》。

舎利弗《しゃりほつ》、如《にょ》我《が》今者《こんしゃ》、称讃《しょうさん》諸仏《しょぶつ》、不可思議《ふかしぎ》功徳《くどく》、彼《ひ》諸仏等《しょぶつとう》、亦《やく》称説《しょうせつ》我《が》、不可《ふか》思《し》議《ぎ》功《く》徳《どく》、而《に》作《さ》是《ぜ》言《ごん》。釈《しゃ》迦《か》牟《む》尼《に》仏《ぶつ》、能《のう》為《い》甚《じん》難《なん》、希《け》有《う》之《し》事《じ》、能《のう》於《お》娑《しゃ》婆《ば》国《こく》土《ど》、五《ご》濁《じょく》悪《あく》世《せ》、劫《こう》濁《じょく》、見《けん》濁《じょく》、煩《ぼん》悩《のう》濁《じょく》、衆《しゅ》生《じょう》濁《じょく》、命《みょう》濁《じょく》中《ちゅう》、得《とく》阿《あ》耨《のく》多《た》羅《ら》三《さん》藐《みゃく》三《さん》菩《ぼ》提《だい》、為《い》諸《しょ》衆《しゅ》生《じょう》、説《せつ》是《ぜ》一《いっ》切《さい》世《せ》間《けん》、難《なん》信《しん》之《し》法《ほう》。

舎《しゃ》利《り》弗《ほつ》、当《とう》知《ち》我《が》於《お》。五《ご》濁《じょく》悪《あく》世《せ》、行《ぎょう》此《し》難《なん》事《じ》、得《とく》阿《あ》耨《のく》多《た》羅《ら》三《さん》藐《みゃく》三《さん》菩《ぼ》提《だい》、為《い》一《いっ》切《さい》世《せ》間《けん》、説《せっ》此《し》難《なん》信《しん》之《し》法《ほう》。是《ぜ》為《い》甚《じん》難《なん》。

仏《ぶっ》説《せつ》此《し》経《きょう》已《い》。舎《しゃ》利《り》弗《ほつ》、及《ぎゅう》諸《しょ》比《び》丘《く》、一《いっ》切《さい》世《せ》間《けん》、天《てん》人《にん》阿《あ》修《しゅ》羅《ら》等《とう》、聞《もん》仏《ぶっ》所《しょ》説《せつ》、歓《かん》喜《ぎ》信《しん》受《じゅ》、作《さ》礼《らい》而《に》去《こ》。

仏《ぶっ》説《せつ》阿《あ》弥《み》陀《だ》経《きょう》

（真宗佛光寺派『真宗聖典 聖教篇』より）

浄土の歩き方——行きたいと思ったときに来てくれるのが阿弥陀の国！

オリエンテーション

ようこそ、ご参加くださいました。わたくし、今回の『阿弥陀経』ツアーを皆さまとご一緒いたします、英月です。え？　はい、そうです。仰るとおり、ツアコンみたいなものです。皆さまに快適な旅を楽しんでいただくお手伝いをいたしますので、気になることなど、どんな些細なことでも結構です、お気軽にお声がけくださいませ。

はい、そうですね。今、怪訝なお顔をされている方が多くおられます。誰も聞いていないのに勝手に話している、そう思われたのではないですか？　違いますよ。ちゃんと質問してくださった方がおられます。

はい、ありがとうございます。今、手を挙げてくださった方がそうですが、残念ながら他の方々にはお姿が見えておりません。昨今、個人情報の取り扱いが厳しくなってきておりますことを鑑み、独自の技術を開発いたしました。実は、今回、とても多くの方にご参加いただいております。

「行きたいと思ったときに来てくれるのが阿弥陀の国！」というキャッチコピーを掲げたこのツアーは……はい、そうです。「行きたいと思ったときに行ける」のではなく、「行きたいと思ったときに来てくれる」で合っております。向こうから来てくださるんです。

さてさて、このツアーは最少催行人数だけでなく、最大催行人数も決められておりません。また金額によってご参加を断念されることがないよう、参加費はいただいておりません。参加年齢に関しても制限を設けておりませんし、ツアーの全行程が完全バリアフリーのため、あらゆる年代、あらゆる状況におられる方々がご参加くださっております。

あらゆる状況というのは、ベビーカーや車椅子をご使用の方、またベッドに横になっておられる方もという意味です。はい、今回ベッドに寝たままでご参加くださっている方も大勢おられます。

さて、話を個人情報に戻しましょう。お一人でご参加の方から、お友達、ご家族など複数でご参加の方と様々ですが、それぞれのグループ内ではお互いのお姿が見えますし、会話もしていただけます。けれども、それ以外のツアー参加者には、私を除き、見えませんし、聞こえません。

そうです。知り合いとうっかり鉢合わせするということが起こりませんので、ご自身がお話しにならない限り、参加されたことの秘密は完全に守られます。別に、コソコソ参加するような、怪しいツアーではございませんが。

それだけではございません。お一人でご参加の方は、このツアーに一人で参加しているように感じられ、複数人でご参加の方も自分たちのためだけのツアーだと、そうお感じになると思います。「あなたのための阿弥陀の国」ですから、当然といえば当然です。

しかしお互いの声が聞こえないからといって、大騒ぎをしていいということではありません。ツアーが始まりましたら、お釈迦さまを始め、色々な方々が登場されます。一緒に写真を撮りたい、サインが欲しい、せめて声をかけたい。そのお気持ち、とてもよくわかります。けれども、恐れ入りますがご遠慮ください。ちなみに、携帯電話を始めとする電子機器、立派な一眼レフのカメラをお持ちの方もお見受けいたしますが、ツアー開始と共に使用できなくなりますので、予めご了承ください。

これから参りますのは、私たちが生活しておりますところとは、あらゆることが異なる世界です。私たちの善悪、好き嫌い、損得といった価値基準や常識、そういったことを超えた世界なのです。ですので、携帯電話は圏外になりますし、電子機器も使えなくなります。私たちがカメラのシャッターを切るのは、美しいと思った時や、見たものを残しておきたいと思った時など、自分の価値観が基準になっております。繰り返しになりますが、これから参りますのは、そのような価値観とは異なるところです。ですので、カメラは使えなくなります。ボイスレコーダーも、同じ理由で使えません。

お釈迦さまの説法を一言一句、聴き逃したくないから録音したい。そのお気持ちもよくわかります。けれども大事なのは、言葉に託されたお釈迦さまのお心です。確かに、言葉は大事です。けれども、大事に思うものに重きを置きすぎることで、それにとらわれてしまい、その結果、お釈迦さまのお心から離れてしまうことがあります。

お釈迦さまの説法は〝対機説法〟といわれ、相手に合わせてお話しくださいます。

たとえば、馬に乗った人がいたとしましょう。まっすぐ進まなければならない道を間違って右に寄って行けば「手綱を左に引け」と仰り、同じ道を別の馬に乗った人が左に寄って行けば、「手綱を右に引け」と仰います。お釈迦さまの言葉にこだわれば、人によって左に引けと言ったり、右に引けと言ったりで、一貫性がありません。まるで嘘をつかれているように思い、かえって迷うことになってしまいます。けれども、お釈迦さまが言いたかったことは何かといえば、まっすぐ進めということです。

このように、言葉にこだわると、大事なことが見えなくなることがあります。今回のツアーでは、豪華な建造物だけでなく、世界中の植物園や動物園を探しても見当たらないような、珍しい華や鳥などを間近に見ることができます。はい、そうですね。それらを見ることを楽しみにして、申込みをされた方もいらっしゃるかと思います。

ツアーの性質上、自由行動はご遠慮いただいておりますが、ところどころで自由時間も十分にとっておりますので、ゆっくりとお過ごしください。できましたら、目に見えるそれらに託された仏さまの願いにも、心を向けていただきたいと思います。

はい、仰るとおりです。私もできる範囲で、解説をさせていただきます。

それでは、ツアーに参りましょう！

と、言いたいところなのですが、ツアーが始まる前に、次の二点を確認させてください。まず一点目は、これから参りますツアーは三蔵法師鳩摩羅什《さんぞうほうしくまらじゅう》の翻訳を通したところだということ。もう一点は、「如是我聞《にょぜがもん》」問題です。

細かいことはいいから、早くツアーを始めましょうというお気持ち、ごもっともでございます。ただ、この二点に関しては免責事項とも関わりますので、ツアー開始前に簡単に説明をさせてください。

と申しましたが、事務的なことだけでなく、これらのことを知ってから行くのと、知らないままとでは旅の楽しみの深さがまったく違いますので、オリエンテーションとして少しだけお時間をいただけませんでしょうか。

はい、ありがとうございます。そう言って喜んでいただけると私も嬉しいです。ただ今スタッフが、お茶をお配りしております。京都は一保堂さんの宇治清水、すっきりとした甘さのグリーンティーです。どうぞ立っておられる方は椅子にお掛けになり、お茶でも飲みながら、しばらくの間お付き合いくださいませ。

仏説阿弥陀経

「三蔵法師鳩摩羅什の翻訳」について

一点目の確認事項

さて、これから皆さまと参りますのは、〝『阿弥陀経』ツアー〟でございます。『阿弥陀経』というお経さんを実際に旅するという、たいへん画期的なツアーでございますが、そもそもお経さんとは何でしょうか。

法事の時などにお坊さんがムニャムニャとお勤めをされる、ありがたいのだろうけど、意味のわからないもの。そう思っておられる方も多いのではないでしょうか？あら、そんなに頷かれると、お坊さんである私としてはビミョウな心持ちになりますが……。これから実際に旅をしていただくとおわかりになりますが、この『阿弥陀経』を始め、お経さんの多くは、お釈迦さまの説法の記録です。ですから、その内容はとてもハッキリとしております。

はい、そうですね。一見すると、説法は講演と似ております。著名人の講演会などに行かれたことがある方も、いらっしゃるのではないでしょうか。お話を聞くことで、楽しい時間を過ごしたり、元気づけられたり、時には人生の教えに触れることもあるかと思います。

お釈迦さまも教えを説かれますが、実は、講演とは似て非なるものなのです。一番の違いは、教えの質です。これは、良いとか悪いとか、優れている、劣っているといったことではありません。結論から申しますと、世間一般でいわれる教えというものは、教えだけで存在できます。けれどもお釈迦さまが説かれた教えは、教えだけでは存在できないのです。ちょっと何言っているのかわからない、というお顔をされていますが、そうですよね、意味がわかりませんよね。

粗々とした言い方になってしまいますが、世間一般でいわれる教えは、学校での教え、おばあちゃんの知恵袋的な教えなどもそうですが、教えだけで存在できます。教えだけで、単体で成り立つのです。それに対してお釈迦さまが説かれた教えは、宗教的な教えです。宗教的な教えというものは、教えだけでは成り立たず、救いとニコイチなのです。え？ ニコイチですか。「二個一」と書いて、ふたつでひとつという意味ですが、最近は言いませんか？ 高校時代、仲がいい友達と一緒にいると、「いつもニコイチやなぁ」と、担任に言われたものですが。まぁ、そうですね。私が高校を卒業して、すでに三十年以上も経ってますからねぇ。言葉も変わりますね。私ですか？

昭和四十六年生れです。計算しなくて大丈夫ですよ。今、五十二歳です。あれ？　何の話をしていました？　はい、ニコイチですね。教えと救いはニコイチなので、救いがないと、教えとして存在できないのです。

生きていますと、色々あります。悲しいこと、辛いこと、苦しいこと。もちろん、楽しいこともありますが、大変なことがあるからこそ、楽しさがわかるのでしょうね。

さてさて、今から約八百年前に親鸞聖人という方がおられました。はい、そうです、よくご存じですね。浄土真宗を開いたとされている方です。この方が、人生を「難度《なんど》海《かい》」と表現されています。「渡るのが難しい海」という意味です。

問題が解決しても、また別の問題がやってくる。まるで寄せては返す波のように、次から次へとやってくる。大きく頷いておられる方が多くおられますが、本当にそうですね。そんな時、私たちはその波を無くしてくれと願います。病気になったら、病気を治してくれ。人間関係に問題があったら、その問題を無くしてくれ。波が無くなることが、つまり自分の思い通りになることが救いだと思っています。

しかし親鸞聖人が出遇われた教えは、違いました。親鸞聖人は、その教えのはたらきを「難度海を度する大船」と、大きな船に譬《たと》えておられます。波を無くすのではなく、無くすことのできない波を超えていく。つまり、問題を無くして救われるのではなく、問題を抱えたままで救われていく教え、それが大きな船に譬えられているのです。そして、その船を最初に見つけられたのが、他でもないお釈迦さまだったのです。

お釈迦さまは今から約二千五百年前に、釈迦族の王子としてお生まれになりました。ちなみに、釈迦族の中心地のカピラヴァストゥは、現在のネパールの南辺からインド国境付近のタラーイ盆地にありました。そのカピラヴァストゥ近くのルンビニー園で、四月八日にお生まれになったお釈迦さまは、本名をゴータマ・シッダールタといい、二十九歳で出家し、三十五歳でおさとりを開かれました。はい、そうです。よくご存じですね。ブッダとも呼ばれます。ブッダとは、目覚めた人という意味の、覚者(Buddha)からきています。

ここで、大事なことをお伝えしておきましょう。仏教という教えをつくったのは、お釈迦さまではないのです。お釈迦さまがお生まれになる前から、仏教はありました。先ほどの船の譬えでいえば、お釈迦さまが大きな船を造ったのではなく、船はもともとあったのです。つまりお釈迦さまは、もともとあった法則に気づかれ、それによって目覚め、そしてその法則を明らかにしてくださったのです。アイザック・ニュートンが、木からりんごが落ちるのを見て、万有引力の法則に気づいたのに似ています。ニュートンが万有引力を作ったのではなく、彼が生まれる前から法則自体はあったのです。

さて、先ほどもお話ししておりましたが、生きていると色々とあります。波のように押し寄せる、悲しみ、苦しみ。なぜ、私だけこんな目に遭わなきゃいけないの。そんな思いが込み上げてくることもあります。

生まれる苦しみ、老いる苦しみ、病む苦しみ、そして死ぬという苦しみ。一国の王子であった、シッダールタがそうであったように、社会的地位があっても、お金があっても、避けることのできない苦しみ。けれどもお釈迦さまご自身が、その苦しみを超えさせる〝船〟があることに気づかれた。

これから皆さまと旅をする『阿弥陀経』は、その船が向かっている先である、阿弥陀さまの国と、阿弥陀さまについてのお釈迦さまによる説法の記録です。

はい、ちゃんと残っているのです。二千五百年前のお釈迦さまの説法を、今、こうして皆さまと一緒に聞けること、ありがたいことです。それもこれも、その説法に出遇われた方々が、これは大事だと、伝え残していかなければいけないと思われたからでしょうね。もっと踏み込んで言えば、そのような私たちの思いだけで残せるものでもありません。時も場所も、その他、様々な状況をも問わない、普遍の法則であり、教えだからこそ、今まで残ってきたのです。見えないけれども、その教えはあるのです。それが言葉となり、見える形となったのが、これから参ります『阿弥陀経』に説かれる、阿弥陀さまと、阿弥陀さまの国。極楽です。

ただしここで一点、確認していただきたいことがございます。今回の旅の免責事項とも関わることでございます。

『阿弥陀経』と言ってはおりますが、元々のサンスクリット語では「スカーヴァティーヴューハ（Sukhāvatīvyūha）」という名前でした。それが中国に伝わり、翻訳が行われました。翻訳は全部で三種類あったそうですが、現存しておりますのは二つのみで、『仏説阿弥陀経』、そして『称讃《しょうさん》浄土《じょうど》仏摂受《ぶっしょうじゅ》経』です。『仏説阿弥陀経』は四〇二年に鳩摩《くま》羅什《らじゅう》によって、『称讃浄土仏摂受経』は六五〇年に玄奘《げんじょう》によって翻訳されました。共に一巻。その他に、チベット訳も現存していますが、それぞれを対校しますと、鳩摩羅什が訳した『仏説阿弥陀経』が最もサンスクリット本に近いそうでございます。ですので、今回のツアーで参りますのは、鳩摩羅什の訳に基づいたお釈迦さまの説法の世界だということをご了承くださいませ。ご理解ありがとうございます。いえいえ、特に確認のハンコなどは必要ございません。

　そうなんです。四〇二年とわかっております。日本では、古墳時代といわれていた頃です。『仏説阿弥陀経』には「姚秦《ようしん》の三蔵法師鳩摩羅什、詔を奉りて訳す」とあります。つまりこのお経は、姚秦の二世・姚興王《ようこうおう》の勅命を受けて、鳩摩羅什三蔵法師が翻訳したものだということがわかります。

『西遊記』ですか？　はい、三蔵法師が登場しますが、あのモデルになった方は玄奘三蔵ですね。鳩摩羅什さんが亡くなられて、二百年ほどしてお生まれになった方ですので、少し時代が違います。『阿弥陀経』の残されたもう一つの中国訳『称讃浄土仏摂受経』を訳された方です。ちなみに、玄奘三蔵以前の訳を旧訳《くやく》、それ以降のものを新訳と呼びます。

　はい、そうなんです。三蔵法師というのは固有名詞ではなく、一般名詞、尊称です。仏教の聖典を三つにわけまして、お経（「経」）・戒律の書物（「律」）・仏教の理論を書いた書物（「論」）として、三蔵といい、これに精通した人を三蔵法師、または三蔵法師と呼びます。さらに加えれば、言葉もですね。翻訳をされるので、言語にも詳しい。

姚秦三蔵法師鳩摩羅
什奉詔訳

余談になりますが、玄奘さんは中国の洛陽に近いところにお生まれになりました。つまり、中国語ネイティブです。それに対して鳩摩羅什さんは、亀茲《きじ》国のお生まれ。亀茲国は、かつて中央アジアに存在したオアシス都市で、現在の中国・新疆《しんきょう》ウイグル自治区のクチャ市付近だといわれています。つまり、中国語ネイティブではありません。その違いが「スカーヴァティーヴューハ」という経典の受けとめ方や、翻訳の表現の違いとして現れるのだと思います。お恥ずかしながら私はその違いがわかりませんが、鳩摩羅什さんの訳はとても流麗でありながら簡潔なものなのだそうでございます。

二点目の確認事項　「如是我聞」について

続きまして、「如是我聞」問題についてでございます。

「是《か》くの如《ごと》き、我聞きたまえき」という意味の「如是我聞《にょぜがもん》」。よく似たところで「我《が》聞如是《もんにょぜ》」、「我聞きたまえき、かくのごとき」という言葉もございますが、同じでございます。『阿弥陀経』だけでなく、ほとんどのお経さんは、このどちらかの言葉で始まります。つまり、「このように私は聞きました」という言葉で始まるのです。

これを聞いて、皆さんはどう思われるでしょうか。正直なところ私はショックでした。だって、お釈迦さまの説法を聞いた他の人を通して、その教えを聞くことになるのです。ちょっとありがたみが薄れると申しますか、お釈迦さまご本人じゃないのねと、ショックというより、ガッカリですね。

けれども、よくよく考えますと、本人ではないということが、教えの健全性を担保しているのではないでしょうか。どういうことかと申しますと、「人生の苦しみを超える教えを思いついたから聞いて〜」とは、言おうと思えば、誰でも言えます。それが正しいか間違っているかは、誰にもわかりません。本人がそう思っているのなら、少なくとも、本人にとってはそうなのでしょう。ただ、その教えが普遍の教えとはいえません。

しかし「このように私は聞きました」と、受けとめた人がいる教えは違います。受けとめたとは、頷いたということです。言葉を換えると、その人は救われたのです。救いと教えはニコイチと申しましたが、受けとめられたという事実によって初めて、宗教的な教えとして成り立つことができるのです。

さらに付け足して申し上げますと、「如是我聞」は「是くの如き我聞きたまえき」ですが、「如是なることを私は聞いた」でもあるのです。「如是」とは「このように」ということですが、「如」はサンスクリット語でtathāといい、そのまま、ありのまま、「是」は正しい、まちがいないという意味があります。

お釈迦さまが説かれた教え、それはお釈迦さまがお生まれになる前からある法則です。つまり、ただ何かを聞いたのではなく、「間違いのない真実を聞いた」のです。それを、そのまま、ありのまま、自分の主観をまじえず、正しく、まちがいなく聞いたままに、これから述べますということなのです。

申し訳ございません、ついつい熱く語ってしまいました。ここで皆さまに確認していただきたい免責事項は、忠実に『阿弥陀経』に沿って再現するならば、お釈迦さまの説法の会座ではなく、「如是我聞」と受けとめられた方から、その方が、どこで、どんな説法を聞いたかと、お聞きしなければいけません。しかし、今回はツアーでございますので、その方が聞かれた会座と同じ場所で、その方ともご一緒に、お釈迦さまの説法をお聞きいただきます。

まぁ、ありがたいと言っていただけて、嬉しいです。その方とは誰か、ですか。阿《あ》難《なん》という方です。阿難陀《あなんだ》ともいって、お釈迦さまのお弟子さまのお一人です。お付きの方といいますか、お世話係といいますか、常におそばに従っていたので、説法のすべてを聞いておられました。そのことから「多聞《たもん》第一」ともいわれますが、聞くだけでなく、記憶力もすばらしかったそうです。

ですので、お釈迦さまがお亡くなりになられた後、その説法を確認する集まりがあった時、阿難さんは集まられた五百人の仏弟子の前で、「私はこのように聞きました」と、聞いたとおりのことを話されたそうです。説法を確認するというのは、お釈迦さまが一生の間に説かれたたくさんの説法を、後の世に正しく伝えていくために開かれた会議のことで、専門用語では結集《けつじゅう》といいます。場所もちゃんと伝わっていて、現在のラージギル、当時のマガダ国の首都・王舎城の近くにあった七葉窟といわれる洞窟だそうです。

そこで阿難さんはお釈迦さまの説法を完コピし、それを聞いたお弟子さんたちは、自分たちが聞いた話を思い出しながら確認していきました。これが、経典成立の原型といわれています。当時のインドでは、聞いた話を暗記し、そして口に出して伝えていくことがほとんどでした。その後、文字の発達にともない、今のような経典となったのは、今から約二千年前のことだといいます。最初はインドの言葉、梵語といわれるサンスクリット語で、南方に伝えられたものはパーリ語でした。これが、鳩摩羅什さんが生まれた亀茲国を始めとした西域地方に伝わり、二、三世紀には中国、そして朝鮮半島を経由して、日本へも伝わってきました。チベットに伝わったのは、八世紀以降といわれています。

さてさて、なんだか説明のようになってしまいましたが、本日ご一緒させていただくのは、三蔵法師鳩摩羅什の翻訳を通したところであるということ。そして、お経さんに「如是我聞」と説かれているとおりに、阿難さんから「私はこのように聞きました」とお聞きするのではなく、実際にお釈迦さまの説法の会座で聞くこと。以上二点、ご確認いただけましたでしょうか。

ありがとうございます。それでは、ただ今の拍手をもちまして、ご承認をいただいたことといたします。

プロローグ

たいへん長らくお待たせいたしました。

それではただ今より『阿弥陀経』ツアーに参りますが、その前に、軽いお食事をご用意いたしました。お腹は減っていない？　そうですね、でも今の内に軽く召し上がっておいてください。と申しますのも、途中には、道の駅はおろか、コンビニなどもございませんので。

はい、そうなんです、お土産をお求めいただく場所もございません。記念の絵葉書やクリアファイルですか。いいですね。あれば私も欲しいですが、残念ながらございません。

はい、ただ今スタッフがお配りしておりますのは、大行寺の近くにございます、いづ源さんの巻き寿司です。大正時代から続くお店で、現在のご主人で三代目。昔ながらの京都のお寿司を、一保堂さんのいり番茶と一緒にお楽しみください。本当は鯖寿司も美味しいんですけどねぇ、鯖が苦手な方もおられるので、今回はやめておきました。お代ですか、ご心配なくです。これらは、快適に旅を楽しんでいただくために用意したものです。お茶が熱いので、気をつけてくださいね。

お召し上がりになっておられる間に、これから参ります場所、そして『阿弥陀経』の特徴について、簡単にではありますが、お話しさせていただきたいと思います。これからどこに行くか、ということでございます。先ほど、お釈迦さまの説法の会座で聞くと申しましたが、それって、どこ？ という話です。

それと『阿弥陀経』の特徴と申しますのは、実はお説法のスタイルが他とは違うのです。何が違うのか。なぜ、お釈迦さまはそのような説き方をされたのか。これを知っているのと知らないのとでは、ツアーで聞くこと、見ることの意味が大きく変わって参ります。はい、ご心配なく、長々とはお話ししません。今回のツアーのメインは『阿弥陀経』でございますから。と、申しましたが、実は、このお経さんの出だしが、そもそも場所と関わっているのです。

1　これから行く場所　～六事成就

先ほども申しましたように、『阿弥陀経』は「是くの如き、我聞きたまえき」という意味の「如是我聞」で始まっています。それに続いて、「いつ」「誰が」「どこで」「誰に」と続きます。専門用語になりますが、これを「六事《ろくじ》成就《じょうじゅ》」といいます。

はい、そうですね、ツッコミありがとうございます。今のものでは、数が合いませんね。六つというのは、「如是」「我聞」「いつ」「誰が」「どこで」「誰に」です。この全てが成就してはじめて、お経さんとして成立します。厳格なルールがあるわけではないですが、これは多くのお経さんで共通して説かれています。

「如是」は信成就を、「我聞」は聞成就を表しています。「いつ」は「一時」で時成就、「誰が」は「仏」で主成就、「どこで」は「在舎衛国、祇樹給孤独園」で処成就、「誰に」は「与大比丘衆、千二百五十人倶」で衆成就。それら六つをつなげると「如是我

一時仏、在舎衛国、祇樹給孤独園、与大比丘衆、千二百五十人倶。

聞。一時仏、在舎衛国、祇樹給孤独園、与大比丘衆、千二百五十人倶。」となり、『阿弥陀経』の始めの部分になります。

「是くの如き、我聞きたまえき。一時《ひととき》、仏、舎衛国《しゃえこく》の祇樹給孤独園《ぎじゅぎっこどくおん》に在《ましま》して、大比丘衆千二百五十人と倶《とも》なりき」。阿難さんが「私は、このようにお釈迦さまのお話をお聞かせいただきました」と話し始め、「ある時、お釈迦さまは舎衛国の祇樹給孤独園に、出家の大比丘たち千二百五十人とご一緒におられました」と続けられています。

はい、そうです。私たちがこれから行くのは、舎衛国の祇樹給孤独園です。では、いつ行くのか？　それが「一時」と説かれる、「ある時」です。

そうですね、仰るとおりでございます。ある時って、いつなの？　って。漠然としていて、ハッキリしておりませんね。これは、阿難さんが聞かれた、お釈迦さまが説かれた教え、『阿弥陀経』のお説法は、過去のある一点の出来事ではないってことなんです。つまり「昔々お釈迦さまが……」といった、昔話ではないのです。「ある時」とは、説く人と聞く人の心が響き合う時、それは教えを受け取る側の心が整った時であり、縁が熟した時です。

いくら素晴らしいお説法をお釈迦さまから直接聞くことができても、聞く方の縁が熟していなければ、有名人に会って話を聞いた、わーい！　で終わってしまいます。それだと、せっかくのお説法が心に響くこともありませんし、救いもありません。救いがなければ、それは教えとは言えません。それでは「信」は成就しませんし、「聞」も成就したとは言えません。だって、音としては聞いていても、内容に触れることができていないのですから。それは、本当の意味で「聞」いたとは言えません。ですので、この「ある時」というのは、とっても大事なことなのです。

お釈迦さまは、人が多く集まっているから話されたのでも、阿難さんに頼まれて話を始められたのでもないのです。この「ある時」を見て、話し始められたのです。それはまた後ほど、詳しくお話ししたいと思います。はい、そうですね。ありがとうございます。「今、私が聞かせてもらっている時が、ある時ってことか」と言ってくださった方がおられましたが、そうですね。今が、その「ある時」なのかもしれません。

さて、これから参ります、舎衛国の祇樹給孤独園についてです。

舎衛国とは、当時のインドでもっとも強大な国といわれたコーサラ国の首都で、舎衛城ともいわれています。今でいう、ネパールとの国境に近い場所ですが、その舎衛国郊外にあった祇樹給孤独園と呼ばれる精舎が、お釈迦さまが『阿弥陀経』を説かれた場所です。

コーサラ国のジェータ（祇陀）王子の樹林に、スダッタ（給孤独）長者がお金を出し、王子と共に精舎を建てたのが祇樹給孤独園です。祇園精舎ともいわれています。はい、そうです。「祇園精舎の鐘の声、諸行無常の響きあり、沙羅双樹の花の色、盛者必衰の理《ことわり》をあらわす。驕れる者も久しからず、ただ春の夜の夢のごとし。猛き人もついには滅びぬ、ひとえに風の前の塵に同じ」で始まる『平家物語』に登場しているのが祇園精舎、この祇樹給孤独園です。

現在は、発掘された精舎跡に赤黒いレンガが並んでのこっておりまして、往時の壮大さを偲ぶことができます。説法講堂、お釈迦さまがおられた常住院、来客を迎えた迎賓館、お弟子さんたちの部屋や食堂の跡などなど……。はい、そうですね、まさに『平家物語』のようかもしれません。立派な建物は無くなり、お釈迦さまも、そしてお弟子さんたちも亡くなられていますから、諸行無常です。そしてそれが理《ことわり》であり、道理です。形あるものは滅び、人は死ぬ。その当たり前のことが頭ではわかっていても、納得できずに悲しみ、苦しみ、時に怒る。なぜ病気になった？　なぜ大事な人が亡くなった？　なぜ、私の思い通りにいかないのかと。そんな私たちに、教えを説いてくださったのがお釈迦さまです。

その教えはお釈迦さまが生まれる前からあったと、最初にお話しいたしましたが、仏教という教えをつくったのは、お釈迦さまではありません。そして、お釈迦さまが願われたのは、ご自身が出遇うことができた仏教という教えに出遇ってほしいということでした。つまり、大事なのはお釈迦さまが出遇われた教えであって、お釈迦さま本体ではないのです。もちろん、お釈迦さまは大事な方ですが、個人崇拝されることを望んでおられたのではないのです。お釈迦さまを敬うのと、崇拝するのとは違います。

申し訳ございません、ちょっと熱く語ってしまいました。大事なことをご指摘いただいたので、つい……。諸行無常、形あるものは滅び、人は死にます。けれども、教えは残っているのです。これがもし、お釈迦さまを個人崇拝する教えなら、お釈迦さまが亡くなった時に教えもなくなります。

はい、そうです、〝船〟ですね。お釈迦さまが伝えたかったこと、それは、ここに〝船〟があるということです。残したかったのは、立派な伽藍や精舎、お寺ではなく、そのお寺が護っていた教え、仰ってくださったように、〝船〟です。そして、他でもない『阿弥陀経』で説かれるのは、その〝船〟が向かっている阿弥陀さまの国と、阿弥陀さまについてです。

では次に、その『阿弥陀経』の特徴について簡単にお話しさせていただきたいと思います。

と、その前に、はい？　何でしょうか。そうです、土地を手に入れるために、金貨を敷き詰めたといわれています。今ご質問いただいたのは、祇樹給孤独園の誕生秘話です。秘話と言いましたが、有名な話なのでご存じの方も多いと思います。

マガダ国の王舎城で、たまたまお釈迦さまの説法を聞いたスダッタ長者は、自分が住むところでもお釈迦さまのお話を聞きたいと思います。そこで、コーサラ国の舎衛城に精舎を建てようとして、場所を探すと、ちょうどいいところがありました。しかしそれは、ジェータ王子の土地でした。王子にお願いしたところ、金貨を敷き詰めた分だけの土地を譲ろうと言います。この王子の言葉の受けとめは、本により様々な解釈がされております。

今日、これから参りますツアーで、もしかしたらジェータ王子にお会いできるかもしれませんが、こちらからの声掛けは固く禁じられているので、本心をお伺いすることができません。ですので、想像するしかございませんが、スダッタ長者の本気度を問われたのではないかと私は思っております。王子自身、お金はたくさんあったのです。それをあえて、無理難題ともいえる金額をふっかけたのは、少なくともお金が欲しかったのではないのです。実際、スダッタ長者が、自分の蔵から何台もの車一杯に金貨を積んで運び出し、広大な土地に金貨を丹念に並べる姿を見て、王子は心を打たれます。そして、自分も協力しようと、樹林の樹を全て建築用材として寄進しました。

このことから、祇樹給孤独園の〝祇樹〟とは、ジェータ（祇陀）王子が寄進した樹という意味との説もあります。インド中部の仏教遺跡バールフットから出土した紀元前一世紀頃の彫刻には、スダッタ長者が黄金を運んで敷き詰めている場面を見ることができます。また、私自身、実際には行ったことがないのですが、スダッタ長者の邸宅跡といわれる場所には、深い地下室が二つのこっているそうです。それが金貨を貯えていた蔵だったといわれております。

これから参ります場所には、そのような背景があるのだということを知りますと、二千五百年前にスダッタさん、よくぞ思い切ったことをしてくださった！　ジェータ王子も、よくぞお力添えをくださった！　と、思わずにはおれません。はい、そうですね、仰るとおりです。そこまでしても聞きたいと思われたお釈迦さまのお説法、ますます気になりますね。

2　『阿弥陀経』の特徴　～無問自説の経

さてさて、『阿弥陀経』は、他のお経さんと説法のスタイルが違うと先ほど申しましたが、何が違うのかといいますと、お釈迦さまが勝手に話し始めておられるのです。勝手に話す、というのも失礼な言い方ですが、他のお経さんは問いに対して応えるというスタイルになっています。

たとえば、『阿弥陀経』と共に「浄土三部経」といわれる『無量寿経』、『観無量寿経』は、それぞれ教えが説かれるきっかけともいえる出来事が起こります。『無量寿経』では、お釈迦さまのお弟子の阿難さんが「今日のお釈迦さまのお姿は、どうしてこんなにも光輝いておられるのですか」と問うことで、それに応えるようにして、お釈迦さまの説法が始まります。『観無量寿経』では、自分の息子に夫である王を殺され、自分も殺されそうになった韋提希《いだいけ》というお妃が、悲しみのどん底で「阿弥陀さまの浄土に生まれたい」という願いを起こします。そう、酷い話です。これは実際にあった出来事で、「王舎城の悲劇」として語り継がれています。その酷い状況の中で、阿弥陀さまの浄土を願った韋提希に応えて、お釈迦さまは教えを説かれます。はい、そうです。よく覚えておられますね。最初に少しお話しした「対機説法」です。お釈迦さまは、相手に応答して教えを説かれます。

では『阿弥陀経』はどうかと申しますと、何も起こらず、誰も問いません。お釈迦さまはご自身で、阿弥陀さまと、阿弥陀さまの浄土について、舎利弗というお弟子さんに対して説かれます。問われることもないまま自ら説かれた教えなので、専門用語で「無問自説」の経と呼ばれています。ちなみに、この「無問自説の経」という言葉は、親鸞聖人が書き残しておられます。

『一念多念文意』という書物がございます。ここに「この経は無問自説経ともうす。この経をときたまいしに、如来にといたてまつる人もなし。これすなわち、釈尊出世の本懐《ほんがい》をあらわさんとおぼしめすゆえに、無問自説ともうすなり」と、あります。誰も問いかけていないのに、お釈迦さまが自らお説きになられたのは、お釈迦さまの出世の本懐を表すためだと、親鸞聖人は受けとめられたのです。

「出世の本懐」ですか？　この世にお出ましになられた本意という意味です。粗々とした言い方になりますが、これだけは伝えておきたい、これだけは語っておきたい、そうお釈迦さまが思われたことを説かれたお経さんが『阿弥陀経』なのです。だから、問いを待たずして説かれたのです。

そして、それを説かれたのが「ある時」だったのです。阿難さんが問いかけた時でなく、韋提希が願った時でもなく、縁が熟した時。

そうですね、縁が熟すというのは、ちょっとわかりにくい言い方ですね。教えを受け取る側の状況が整った時と言えばいいでしょうか。「弟子の準備ができた時、師匠が現れる」ということか、ですか？　なるほど、そうですね。そういう言い方もできるかもしれませんね。ハハハ、確かにそうですね。今、別の方が言ってくださったのは、何かの権威といわれる偉い学者さんでも、その学問を知らなかったら、自分にとっては、ただのオッサンであり、オバサンでしかない。けれども、自分もその分野を学ぶようになれば、自分にとってその人は師匠になると。なるほど、それは確かに縁が整ったといえますね。

さて、ツアーが始まり、実際にお釈迦さまの説法を聞くと、「舎利弗よ」と何度も呼び掛けられていることに驚かれるかもしれません。ちなみに、三十六回も呼ばれています。呼びすぎです。舎利弗さんは、「智慧第一」ともいわれた方ですから、一回呼べば十分です。それを何度も何度も呼ばれたお釈迦さまのお心……。

はい、そうですね。そうです。ありがとうございます。今、何人かの方が仰ってくださいましたが、舎利弗さんに呼びかけているのではないのかもしれません。はい、そうです。他でもない、この私に呼びかけてくださっているんですね。私も、そう思います。

いよいよ、ツアーが始まります。お釈迦さまが、あなたのために説かれたお経、『阿弥陀経』。その世界を、ご一緒に楽しみましょう。大変長らくお待たせいたしました、それでは『阿弥陀経』の世界に参りましょう！

第1章　会座に集う人びと

1　釈迦の弟子たち

圧巻ですよね、千二百五十人ですから。皆さんが言葉を失われるのは、当然のことだと思います。

お釈迦さまの説法を聞きに集まられた、これら千二百五十人の方々は、出家をされた大比丘《だいびく》の方です。大比丘というのは、それぞれにお弟子さんがいる男性の出家者のことです。女性ですか？　女性の出家者は、比丘尼《びくに》といいます。

そうですね、お釈迦さまの教団には女性の出家者も多くおられますが、ここではお姿が見えませんね。比丘尼の教団は、比丘と呼ばれる男性の出家者の方々の教団とは、独立して運営されていたと本で読んだことがありますが、こうして実際に見ると確かにそうですね。はい？　それは、どうでしょうか。差別ととらえることもできるかもしれませんが、二千五百年後の私たちの価値観で判断するのは、どうかなと思います。

シンプルに、お互い修行の妨げになるものを取り除こうとしただけ、だったのでははないでしょうか。自分のことを申し上げてお恥ずかしいことですが、私などは、ジムのパーソナルトレーナーは、見目麗しい殿方ではなく女性の方がいいと、思ってしまいます。なぜなら殿方の目を気にすることなく、トレーニングに集中できますから。それと同じ発想ではないでしょうか。

もう少し踏み込んで言えば、トレーニングは同じでも、目的が変わってしまうことにもなりかねません。つまり、健康を目的に始めたジム通いが、「素敵な殿方にいいところを見せたい」に変わってしまうかもしれないのです。自分の健康が目的だったのに、他者からの評価が目的に変えられていくのです。見た目は同じトレーニングをしていたとしても、これは大きな違いです。ジム通いと修行を一緒にするのも、いかがかとは思いますが。

さてさて、この大比丘の方々は皆さん、阿羅漢《あらかん》という、さとりに達しておられる方々です。ちなみに、『阿弥陀経』には登場しませんが、『法句経』には女性の阿羅漢も登場します。そう、ここにおられる方々は皆さん、凄い方々なんです。実際に『阿弥陀経』では、「みなさとりに達した阿羅漢で、人々から尊敬されていました」と説かれております。

皆是大阿羅漢。衆所知識。

それに続いて、出発前にお話しした舎利弗を筆頭に、この説法の座におられる十六人のお弟子さんのお名前が順に挙げられていきます。はい、千二百五十人の素晴らしいお坊さんの中でも、特に有名な方々です。はい、そうです。今、何人かの方が仰ってくださいましたが、有名どころといえば「二大弟子」「五比丘」「十大弟子」そして「十六羅漢」に「五百羅漢」と呼ばれる方々がおられますね。

たとえば、十六羅漢の方々でいえば、京都の南禅寺さんの三門に、立派な極彩色のお木像が安置されておりますが、その方が今、生きて目の前におられるのです。ほら、あそこにおられるのが、十六羅漢の十六番目にお名前が挙げられる注茶半託迦《ちゅうだはんたか》さんです。どこにおられるか、ちょっとわかりにくいですね。横に箒を置いておられるのですが……。注茶半託迦さんは、周利槃陀伽《しゅりはんだか》さんともいって、のちほど改めて紹介いたしますね。

はい、なんでしょう？　「二大弟子」ですか？　お釈迦さまの教団のツートップは文献によっても違うのですが、「舎利弗《しゃりほつ》と目連《もくれん》」もしくは「大迦葉《だいかしょう》と阿難《あなん》」といわれております。

どうしてそうなったか、ですか？　前者は東南アジアの伝承に多く、後者は東アジアにおいてだといわれております。いえいえ、お気遣いなく、疑問、質問、どんな些細なことでも結構です、ご遠慮なさらずにお聞きくださいませ。

はい、なんでしょう？　こちらの会話ですか？　参加者同士では会話も聞こえず、姿も見えないと最初にお伝えいたしましたが、それはお釈迦さまを始め、ここにお集まりの千二百五十人の方々に対しても同じです。ただ、どうでしょうかねぇ。お釈迦さまの十大弟子の中には、心の眼でなんでもお見通し、「天眼《てんげん》第一」の阿那律《あなりつ》さんもおられますし……。そもそも、お釈迦さまがお気づきにならないはずはない、かと。

はい、しかるべき場所に届出を出して、許可もいただいております。ですので、お釈迦さまもこのツアーのことはご存じとは思うのですが、特に気にされるご様子もございません。はい？　そうなんです。なんでもお見通しの阿那律さんだけでなく、『阿弥陀経』にお名前が登場するお弟子さん方は、とても個性的と申しますか、見た目のお姿だけでなく、出家された背景も様々でございます。たとえばあの方、一番前に座っておられるあの方が、お釈迦さまに「長老」と呼び掛けられた舎利弗さんです。

◇

長老舎利弗、

ちょっと距離がありますね。舎利弗《しゃりほつ》さんのシュッとしたお姿は見えても、その瞳までは見えないですね。シュッとした？　申し訳ございません、関西弁ですね。洗練されたと申しますか、無駄なところがないと申しますか……。おわかりいただけますでしょうか？　ありがとうございます。

瞳と申しましたのは、とても特徴的だからです。お母さま似なのでしょう、黒目がちで、とても美しい眼をされています。実は、舎利弗さんのお母さまは、その眼が舎利鳥に似ていることから、舎利《さーりー》と名付けられたそうでございます。そして、そのお子、舎利弗というのは、サンスクリット語でシャーリプトラ、パーリ語でサーリプッタ、意味は、舎利鳥に似た眼をした女から生まれた子ども、だそうです。

舎利鳥ですか？　百舌鳥《もず》と意訳されたり、また九官鳥の一種ともいわれております。確かに、百舌鳥の眼は黒曜石のような美しさですが、正直なところスズメも黒い瞳をしておりますので、お恥ずかしながら私にはその違いがよくわかりません。ただ、百舌鳥の特徴として、眉斑といわれる目の上に眉のように横に走っている色の違う部分がありますので、彫の深いお顔立ちの特に目の部分が際立って見えることが譬えられているのかもしれません。はい、確かに、少し似ておられますね。歌手の平井堅さんの目を、少し吊り目気味にした感じでしょうか。しかし、ひと様の眼をジロジロと見て、失礼なことでございます。

さて、舎利弗さんはマガダ国の首都・王舎城で、婆羅門《ばらもん》の家にお生まれになりました。マガダ国はガンジス河の下流域に位置し、ここ祇樹給孤独園のあるコーサラ国の南東にございます。ちなみに今、私たちがおります祇樹給孤独園、祇園精舎を建立する際、スダッタ長者に協力し、現場監督として頑張ってくださったのが舎利弗さんです。

はい、そうです。お釈迦さまからの信頼も、大変厚かったようでございます。「智慧第一」と称され、お釈迦さまの代わりに説法をされるなど、その教えを一番理解されておられました。はい、そうです。仰るとおりだと思います。だから舎利弗さんに呼びかけて説いておられるのだと、私も思います。舎利弗さんなら間違いなく、本当に伝えたいと思っていることを、そのまま受け取ってくれると。お釈迦さまがそう思い、そして何度も何度も、確認するかのように呼びかけ続けられた。ちゃんと聞いてくれたか、ちゃんと受け取ってくれたか、と。

少し話が脱線いたしますが、そのまま受け取るというのは、なかなか難しいことでございます。ほんの些細なこと、例えば素敵な服をお召しになっている方に、「素敵ね」と言ったとしても、それをそのまま受け取ってもらうことは実は困難なことです。お互いの人間関係や、聞き手がその時におかれている状況や体調なども影響し、「お世辞」や「イヤミ」と受け取られたり、褒めることで何かを得ようと思っていると誤解されたり……。「そんなつもりで言ったんじゃない」ということは、日常生活でもよくあることでございます。

理解するというのは、自分の価値観に落とし込むということです。しかし自分の価値観に落とし込んだ瞬間に、それは別のものに変えられてしまいます。私自身、時間を見つけてはお聴聞の場に身を運ぶようにしていますが、得手勝手に聞き、理解したつもりでいるのではないか。果たして私は、お話しくださっていることを、そのまま聞けているのかと思います。きっと、私が聞きたいように聞いているのだと……。

当然のことながら、阿羅漢であり、お釈迦さまの教団で長老として尊敬されている舎利弗さんは、そんなことはありません。ありませんが、そんな舎利弗さんに対してでさえ、三十六回も繰り返し呼びかけられたのは、「そのまま聞く」ことの難しさ、大切さをも、お釈迦さまは言外に説いてくださっているのかもしれません。

そんな舎利弗さんを、お釈迦さまは後継者として考えておられたようでございます。残念ながら、お釈迦さまより先にお亡くなりになりましたので、実現はしませんでしたが。はい、そうですね。お釈迦さまであっても、思い通りにはいかないものでございます。そうですね、それが理《ことわり》なのですね。

◇

摩訶目犍連、

さて、そのお隣に座っておられるのが、舎利弗さんの幼馴染、摩訶目犍連《まかもっけんれん》さんです。いえいえ、違います。目犍連さんは女性ではありません、男性です。お生まれになった時に女の子と間違えられたという話が伝わっておりますが、そう言われてみれば、お顔立ちが女性的と申しますか、美しいお顔立ちをされております。何でも、お母さま似だそうでございます。このことから、お母さまの姓でありますモッガラーナと呼ばれたとか。本名はお生まれになった村の名前と同じ、コーリタでございます。場所は、マガダ国の首都・王舎城から少し北へ行ったところ、舎利弗さんがおられた村の近くです。

お互い婆羅門の家に生まれ、年齢も近かったことから、親交があったようでございます。実は出家もお二人揃ってされました。いえいえ、お釈迦さまではなく、刪闍耶《さんじゃや》毘羅胝子《びらていし》という神秘論者であり運命論者、総じて懐疑論者といわれる方の許で剃髪出家されました。

刪闍《さんじゃ》さんは、当時ガンジス河中流域で活躍した代表的な六人の思想家の中のお一人でした。ちょっとキツイ言い方になるのですが、仏教側からみますとそれらは正統から外れた思想であったため、六人の方々は「六師外道」と呼ばれておりました。

そうして、まずは仏教以外に縁を持たれたお二人ですが、出家後、たった七日七夜にして教えの奥義に通じてしまわれます。そこで、刪闍さんのお弟子、二百五十人、一説には五百人ともいわれておりますが、とにもかくにもお弟子さんたちを教え導く立場に抜擢されます。しかし、ここで問題がおきます。刪闍さんが説く懐疑論は頭では理解できても、どうもしっくりこない、お二人はその教えに頷けないのです。

どうでしょうか、すべてを疑うというのは、一理あるように見えてその実なかなか納得しにくい考えでございます。なぜなら、疑っている自分自身をも疑うことになるからです。それだけでなく、教えを疑い、教えを説いてくれた師をも疑う。この世の全てを疑い、疑っているということをも疑う。もう、こうなってしまえば、何を拠り所にすればいいのかわからなくなり、人生の迷いはどんどん深まるばかりでございます。お二人がどう思われたのか、本当のところはわかりかねますが……。

申し訳ございません、そちらの方、はい、そうです。直接のお声掛けはご遠慮くださいませ。私の推測話より、目の前におられるご本人に直接お聞きした方が正しいであろうことは重々承知しておりますが、ここはご協力をよろしくお願いいたします。ありがとうございます。

さて、その後のお二人ですが、舎利弗さんがたまたまお釈迦さまのお弟子さんに出遇い、教えを聞いたことから、目犍連さんと一緒に、お釈迦さまのお弟子となられました。いえいえ、そこはちゃんとされました。二人して刪闍さんに今までの礼を丁寧に伝えられたそうです。ただ、刪闍さんはかなりショックだったようです。しかも二人だけでなく、二人に任せていた二百五十人とも、五百人ともいわれるお弟子も一緒に、お釈迦さまのところに行ってしまったことから、悶絶して亡くなったとも、血を吐いて亡くなったともいわれております。はい、そうですね。舎利弗さんと目犍連さんが去ったことすらも、疑っておられたかもしれません。しかしそれは、事実から目を背けているようで、悲しいことですね。

つい、目犍連さんと呼んでおりましたが、『阿弥陀経』では摩訶目犍連となっております。ご指摘、ありがとうございます。摩訶とは「大」と訳され、偉大なことを表します。ですので、素晴らしい目犍連さん、というほどの意味になるかと思います。

はい、そうです。お盆、盂蘭盆会《うらぼんえ》発祥の人としても有名な目連尊者です。発祥の人という言い方も、どうかとは思いますが。餓鬼道に堕ち、もがき苦しんでいる亡き母を救おうとして、地獄に行かれた話は有名です。はい、そうなんです。自由に地獄に出入りができるだけでなく、スダッタ長者の子どもがさらわれた時は、神通《じんずう》をもって賊の前にヴィルーダカ将軍の軍勢を出現させたなど、様々なエピソードが伝えられております。そういったことから、「神通第一」と呼ばれておられます。

今、こうして会座におられる目犍連さんを前にして言うのはとても心苦しいのですが、その最期をお伝えしておきます。仏教以外の教えを大事にしている外道と呼ばれる人たちが、お釈迦さまの教団に対して激しい妨害を行い、目犍連さんを殺します。一説にはお金を払い、大勢で襲わせたとか。お釈迦さま晩年の頃だといわれております。はい、そうです。生前、どれだけ世のため人のために働かれた方であっても、そのような命の終え方をされることがございます。良いことをしたら、良い死に方ができ、悪いことをしたら、悪い死に方になる、ではないのです。そもそも死に方に、良いも悪いもございません。はい、ございません。良い死に方だ、悪い死に方だと、判断する人はいても、それはその方の価値観でしかありません。もちろんです。死に方によって、その人の人生が評価され、価値付けされることはありません。それは、目犍連さんを見ても明白なことではないでしょうか。非業の死を遂げたからといって、目犍連さんの人生が否定されることはないのです。

◇

次に紹介させていただくのは、摩訶迦葉《まかかしょう》さんです。少し離れたところに座っておられます。え？　どの方か、ですか。髪も髭もぼうぼうで、破れたぼろぼろの衣を着ておられる方です。はい、そうです。たぶん垢でしょうね、全身が垢で覆われているのが、ここからでもわかるかと思います。

『阿弥陀経』のお説法の時ではないのですが、今日のようにお釈迦さまが祇園精舎でお話をされている時に、長く山に籠っておられた摩訶迦葉さんが訪ねて来られたそうです。あのようなお姿だったので、他のお弟子さんたちは、ちょっと嫌な顔をされた。

こう言っては失礼ですが、確かに臭いますからね。するとお釈迦さまは、よく参ってくださった、待っていましたよ、ここにお座りくださいと、ご自身が座っておられた横をお勧めになったそうです。摩訶迦葉さんは、おそれ多いこととして、その場には座られなかったそうですが、周りにいたお弟子さんたちはとても驚かれたそうです。

阿難さんと共に二大弟子のお一人ともいわれていますが、このことからも、お釈迦さまにとっては、お弟子さんというよりは、大事なお客さまだったのかもしれません。事実、摩訶迦葉さんは、舎利弗さんや目犍連さんのように教えを説くよりも、ご自身がお釈迦さまのお説法を聞いたり、山林に籠って修行したりすることを好まれていたようです。

このことから「頭陀《ずだ》第一」ともいわれています。頭陀とは、仏道修行のために定められた生活規律のことで、人里はなれた静かな場所に住んだり、食べ物の施しを乞い歩く乞食《こつじき》をしたりなどがあります。はい、まさにあのお姿からも伺い知ることができますね。ちなみに、頭陀袋を首から下げてツアーにご参加くださっている方が何人か見受けられますが、頭陀袋とは元々、摩訶迦葉さんのように頭陀を行うお坊さんが持ち歩いている袋のことなんです。

さて、『阿弥陀経』では摩訶迦葉さんと呼ばれていますが、大迦葉《だいかしょう》とも呼ばれ、お釈迦さまの十大弟子のお一人でもあります。はい、そうです。よくご存知ですね。摩訶迦葉さんといえば、先ほどお話しした結集《けつじゅう》を思い出される方もおられるかもしれません。結集ですか？　お経さんの編纂会議です。お釈迦さまが亡くなられた後、お弟子さんたちが集まり、自分たちが聞いてきた教えを確認し合った集まりです。その第一回目、王舎城郊外の七葉窟で五百人の比丘の方々と共に行われた結集の議長役を務められたのが、摩訶迦葉さんでした。そうです、仰るとおりです。こうして私たちが『阿弥陀経』を旅できるのも、摩訶迦葉さんのおかげですね。

ちなみに摩訶迦葉さんは、舎利弗さんや目犍連さんと同じく、マガダ国の首都・王舎城近郊の裕福な婆羅門のお生まれです。色々な伝承が残っているのですが、その一つに、摩訶迦葉さんが道を求めて家を出た日はちょうど、お釈迦さまが菩提樹の下でさとりを開かれた日だったというものがあります。

その他には、お釈迦さまを前にして言うのも、憚られますが……。お釈迦さまが入滅された時、火葬をしようとしたが、火がつかなかった、という話も残っています。香油をかけて点火をしても、薪が燃えあがらない。しかし、その場に摩訶迦葉さんが来られると、薪が自然と燃えあがったというのです。これは、お釈迦さまがお亡くなりになられたクシナーラーに、摩訶迦葉さんが向かっていると知った諸天が、薪が燃えないようにとどめたからだといわれています。「諸天」ですか？　天上界で、仏法を護ってくださっている諸々の神さまのことです。後ほどご紹介させていただきますが、有名どころだと、帝釈天さんがそうです。

はい何でしょうか。作り話でしょ、ですか？　だって、そんなことは実際には起こらない、ですか？　確かにそうですね。油をかけても燃えなかった薪が、摩訶迦葉さんが来られたら自然に燃えるなんて、現実にはあり得ないことかもしれません。けれども、もしかしたら、たまたま、そういうことが起こったのかもしれません。

これは私の受けとめですが、実際に起こった、起こらなかったということはわかりません。けれども、摩訶迦葉さんの到着を待たれたということに、大事な意味があると思います。はい、そうです。私もそう思います。お釈迦さまの後継者は、摩訶迦葉さんだというメッセージですね。事実、お釈迦さまが亡くなられた後は、先ほど申しました結集にご尽力されました。そのおかげで、お釈迦さまのお説法はお経さんとして今に伝えられています。はい、そうですね。仏教教団の支柱となられた方と言ってもいいと思います。

◇

次にお名前が挙がるのは、皆さんのおられる所からは、ちょっと見にくいかもしれませんが、右手を胸の辺りにあげて薬指と小指を曲げておられる方です。左手も同じく胸の辺りにあげ、袈裟の角をつまむように持っておられます。はい、そうです。お釈迦さまの左側、前から六列めくらいの所にお座りになっておられるのが、十大弟子のお一人、摩訶迦旃延《まかかせんねん》さんです。この方は、お釈迦さまが説かれた教えを詳細に解説する第一人者だったことから、「論議第一」といわれております。

西インドは阿般提《あはんだい》国の婆羅門の次男として、お生まれになったといわれています。何でもお兄さんより勉強ができたことから、兄に妬まれ、憎まれ、おまけに暗殺されそうになったとか。その噂を耳にしたお父さまによって、母方の伯父であるアシダ仙人に預けられたそうです。はい、そうです。お釈迦さまがお生まれになった時、カピラ城に招かれ、予言をしたあのアシダ仙人です。生まれたばかりのお釈迦さまを見て、自分は年老いてしまったから、この方がさとりを開き、法を説かれても聞くことができないのが残念だと号泣された話は有名なので、ご存じの方も多いかと思います。このアシダ仙人が縁となり、仙人が亡くなった後、お釈迦さまのお弟子となられました。実の兄から命を狙われるという悲劇が起こらなければ、この場所に今、摩訶迦旃延さんは座っておられなかったかもしれません。そう思いますと、私自身を含め、今回このツアーに参加してくださった皆さまも、色々なご縁が重なり、今、この時間をご一緒させていただいているんですね。

◇

さて、次の方も、手に注目していただきたいのですが。摩訶迦旃延さんの二列ほど前に座っておられる方で……。はい、そうです。爪の長い方です。長すぎて、先がくるっと内巻きになっているのが見えますでしょうか。そうですね、重そうです。五十センチ以上はありますね。何でも、学問を究《きわ》め尽くすまでは、決して爪を切らないと誓いを立て、修行に臨まれたそうです。そうなんです。ついつい爪の長さに目がいきますが、膝も大きいですよね。この方も婆羅門のお生まれで、摩訶倶絺羅《まかくちら》さんといいます。摩訶は優れているという意味で、お名前の倶絺羅はサンスクリット語の

摩訶倶絺羅、

Kotthila の音写語、意味を訳すと「膝」または「大膝」です。膝が大きいことから、そう呼ばれたそうでございます。

実はこの方、舎利弗さんの叔父さんです。お生まれはコーサラ国の舎衛城。はい、舎利弗さんはマガダ国の首都・王舎城のご出身です。コーサラ国にマガダ国、首都はそれぞれ舎衛城に王舎城、ややこしいですね。

摩訶倶絺羅さんは南インドで十数年間、婆羅門の修行をしていましたが、甥っ子の舎利弗さんが、さとりを開かれたお釈迦さまの弟子になっていると聞き、王舎城の竹林精舎を訪ねられたそうです。お釈迦さまと論議をするためだといわれていますが、爪を切らないという願掛けまでして婆羅門の修行をしたという自負から、言い負かす気満々だったかもしれませんね。って、これは私の勝手な想像ですが。けれどもお釈迦さまの言葉に触れ、丁寧に教え戒められたことで、その場でお釈迦さまのお弟子さんになられたそうです。

どんな論議だったか？ですか。いい質問を、ありがとうございます。摩訶倶絺羅さんはお釈迦さまにこう仰ったそうです。「自分は長く婆羅門の修行をし、極めた。だから、どんな説でも論破できる。しかし、全てが論破できるということは、では何が真実か。私が今まで学んできたものは何だったのか。だから私は、一切の説を認めることができない」と。

それを聞いたお釈迦さまは、「一切の説を認めないと言っているけれども、その認めないと断定する自分の説は既に認めているというのは、どういうことですか」と、問われたそうです。確かに、そうですよね。この論議の趣旨とは少し離れた話になってしまいますが、自分自身をアテにしていることには、なかなか気づけないものです。たまに「私なんてダメだ」と何かにつけて仰る方がおられますが、ダメだと自分が判断した、その判断基準は正しいと思っておられるのです。つまり、「ダメだ」の根拠は自分の判断で、その判断は正しくて、自分はダメではないということなのです。

これまた、ややこしい話になってしまいました、ゴメンなさい。けれども私たちは、それほどまでに、自分自身をアテにし、根拠にし、拠り所にしているということです。はい、そうです。根は深いです。こうして話している私自身、頭ではわかっているつもりですが、本当にわかっているのか……。

お恥ずかしながら、正直、怪しいものです。そして悲しいことに、この私はアテにも、根拠にも、拠り所にもならない存在です。はい、なりません。残念なことですが。

そうですね、身も蓋もない話です。けれども、事実です。聞きたくもないし、認めたくもない事実ですが、事実を知ることで、解放される思いもあるのではないでしょうか。少なくとも「私なんてダメだ」と、自分を否定することはないのです。

ご参考までにですが、摩訶倶絺羅さんは「問答第一」といわれています。今まで「智慧第一」「神通第一」「頭陀第一」「論議第一」と、色々な第一が出てきましたが、これは一番自慢をしているのでも、特技自慢でもありません。誰とも代わることのできない存在だということです。

はい、もちろんです。誰とも代わることができない存在だということは、私たちも同じです。はい、何でしょう？　何も誇ることがない、ですか？　大食い第一くらいかな、と。大食い第一を「問答第一」などと並べて語っていいのか、私にはわかりかねますが……。ちなみに、自慢ではありませんが、私もかなり食べます。けれども、繰り返しになりますが、ここで言われている「第一」というのは、どちらが勝《まさ》っているという競争ではないのです。私たちは、誰とも代わることのできない存在だというのは、例えば、憧れの誰かに代わることができないのではなく、代わる必要がないという意味でもあるのです。そうです、「大食いでしか一番になれない私なんてダメだ」

と、自分を否定することはないのです。

◇

ささて、次は舎利弗さんの弟さんを紹介しましょう。離婆多《りはだ》さんといって、あら、離婆多、皆さん、舎利弗さんと似たお顔の方を探しておられます？　離婆多さんの特徴は、足です。はい、そうです、あの方です。陀婆国というところに行かれた時、寒さ厳しく、雪が深く積もっていたにもかかわらず裸足だったことから、両足が凍傷にかかってしまわれたそうです。それで、あんなに足が腫れておられるのです。全体的に青白く、指先は黒くなっています。このことを知られたお釈迦さまは、今後、寒いところに行くときは、富羅《ふら》と呼ばれる皮製の履物を用いるようにと仰ったそうです。ああしてお座りになっておられますが、歩くのも困難な状態だったようでございます。

離婆多さんの出家については、色々なエピソードが残っております。『巴梨文法句経註』では、結婚を機に本当の幸せとは何かを考え、世間での楽しみは苦の種であることから、世間から離れる出家を願ったとあり、『華厳経』や『大智度論』などには、離婆多が鬼に食べられる話が説かれています。はい、そうなんです。食べられちゃうんです。
離婆多さんだけでなく、ここ祇樹給孤独園、祇園精舎ですね、ここでお釈迦さまのお説法をお聞きの皆さん、面白い背景がたくさんあります。本当は、そんなエピソードも丁寧にお話しさせていただきたいのですが、今回の旅の目的は『阿弥陀経』。ですので、割愛させていただきます。代わりと言ってはなんですが、今回のツアーでお話をさせていただくのに参考とした本のリストを用意しておりますので、ご希望の方は、お帰りの際に、スタッフにお声がけくださいませ。

◇

次に紹介するのは、周利槃陀伽《しゅりはんだか》さん。はい、そうです。赤塚不二夫さんの漫画『天才バカボン』に登場する、レレレのおじさんのモデルともいわれており、周利般特《しゅりはんどく》ともいいます。そうです、そうです、あの方です。箒を横に置いて、座っておられる方です。はい、よく覚えてくださっていましたね。十六羅漢の十六番目にお名前が挙げられる注茶半託迦《ちゅうだはんたか》さんです。

周梨槃陀迦、

あの箒はお釈迦さまにいただいたそうです。生まれつき記憶することが不得手だった周利槃陀伽さんは、お経さんを覚えるどころか、自分の名前さえ忘れることも。そこでお釈迦さまは、あの箒を与え、「塵を払わん、垢を除《のぞ》かん」という短い言葉を誦《とな》えるようにと教えられました。その日からです、毎日、毎日、箒で掃除をしながら、「塵を払わん、垢を除かん」と、誦え続けられました。

どれくらい経った頃でしょうか、周利槃陀伽さん、大事なことに気づかれます。ここでいう、塵とは何か？　垢とは何か？　それは目の前にあるゴミではなく、自分自身の中にあるのではないかと。たとえるならば、摩訶倶絺羅さんのところでお話しした、「私なんてダメだ」という思いが、まさにそれではないかと。

物心がつく前から、周りの人たちから愚かだと言われ続けた周利槃陀伽さんは、お釈迦さまの教団で一緒に修行をしようと誘ってくれた兄からも、あまりの記憶力のなさに、学ぶ資格がないと匙を投げられる始末。それゆえ、お釈迦さまに「大丈夫ですよ」と言われても、そのお言葉を素直に聞くことができませんでした。お釈迦さまが、「あなたは誰とも代わることのできない尊い存在ですよ」とお声をかけてくださっても、慰めとしか聞けない。つまり周利槃陀伽さんが拠り所としていたのは、お釈迦さまのお言葉ではなく、「私なんてダメだ」という自分の思いだったのです。その思い、そして自分の思いは正しいという思いが、まるで垢のようにこびりついていたのです。そのことに、「塵を払わん、垢を除かん」と誦えながら掃除をすることで、気づかされたのです。これにより、周利槃陀伽さんは、さとりを開かれます。

はい、家に帰ったら「塵を払わん、垢を除かん」と誦えながら、掃除をする？　そうですね、いいかもしれませんね。まずは形から入ることも大事なことだと思います。ただ私たちは、やればやるほど、「これだけやった」との思いが、塵のように降り積もってしまうのは悲しいことでございます。それだけでなく、執着を取りのぞこうと努力することにも、執着をしてしまう……。あらあら、つい水を差すようなことを申してしまいました。

お口直しに、小話をひとつ。周利槃陀伽さんが亡くなった後、埋葬したところから草が生えてきたそうです。鈍根草と名付けられたその草は、今でいう茗荷《みょうが》。それを食べると、周利槃陀伽さんのように物忘れになってしまうとか。さてさて、次の方を紹介いたします。

◇

先ほどから何人かの方が、お釈迦さまと、この方のお顔を見比べておられますが、似ておられますでしょ？　お釈迦さまと、そっくりです。それもそのはず、お釈迦さまの異母弟、難陀《なんだ》さんです。母は、お釈迦さまのお母さま、マーヤー夫人の妹、マハーパジャーパティーさんで、父は釈迦族のスッドーダナ王。マーヤー夫人は、お釈迦さまを出産後、七日で亡くなられています。ですので、お釈迦さまを養育されたのは、マハーパジャーパティーさんだといわれています。

さて、仏となられたお釈迦さまは、一目見て、普通の人とは違うとすぐにわかる、三十二のすぐれた身体的特徴がありました。たとえば「足下千輻輪相《そくげせんぷくりんそう》」または「足下二輪相」といわれる足の裏の模様など、三十二相といわれるものです。ちなみに、「足下千輻輪相」や「足下二輪相」が石に刻まれたものが、仏足石です。まぁ、よくご存知ですね。はい、大行寺にも江戸時代につくられた仏足石がございます。残念ながら幕末に起こった禁門の変、蛤御門の変ともいいますが、京都が焼け野原になった、あの戦いで大行寺も焼けてしまいました。はい、快慶さんが作られた御本尊は無事でした。けれども仏足石は、断片となってしまいました。断片ですが、千輻輪や法螺貝、須弥山などの模様の一部がきれいに残っております。ごめんなさい、通常非公開とさ

難陀、

せていただいております。「写経の会」や「法話会」などの時にお参りいただければと思います。

さてさて、話を難陀さんに戻しまして、この三十二相の内、なんと三十が同じだったそうです。似ているはずですよね。違う二つですか？

お釈迦さまのお顔をご覧ください。眉間にちょぼがありますね。大きな黒子《ほくろ》じゃないですよ。あれは、柔らかな白い毛が右回りに渦巻いているもので、白毫相《びゃくごうそう》といいます。光を放ちますので、仏像では水晶や真珠などの宝石がはめられています。あのちょぼが、難陀さんにはありません。もう一つは耳たぶです。お釈迦さまの耳たぶは、肩まで垂れ下がっていますよね。難陀さんを見てください、そこまで垂れていません。この二つだけが違ったので、お釈迦さまに間違えられることもあったようでございます。

◇

阿難陀、

次はツアー開始前の説明の時に、お名前が登場した、「多聞第一」の阿難陀《あなんだ》さんです。阿難《あなん》とも呼ばれ、二十五年間、常にお釈迦さまのおそばに従い、説法のすべてを聞いておられた方です。最前列に座っておられます。

はい、そうです。素直な表現、ありがとうございます。仰るとおり男前です。あ、お写真はダメですよ、と言っても撮れませんが。写真を撮ろうとして携帯電話を出された皆さん、圏外となっているだけでなく、ボタンを押しても操作ができなかったのではないでしょうか。大丈夫です、壊れておりません。ツアーの間だけですので、ご安心ください。

さて阿難陀さん、記憶力も抜群で、そのおかげで経典が今に伝わっていると言っても過言ではありません。しかし皮肉なもので、最も聞いていたはずの阿難陀さんが、お説法に託されたお釈迦さまのお心に気づけていなかったのです。ですので、お釈迦さまが生きておられた時には、さとりを開くことができなかったといわれております。一説には、例の第一結集の時までも、さとりを開くことができていなかったとか。

なので、議長役を務められた摩訶迦葉さんは、五百人の参加者リストから阿難陀さんを予め省いていたそうです。これは意地悪ではなく、さとりを開いていないというのは、煩悩があるということだからです。大事な結集に煩悩のある人をメンバーとして入れてしまうと、どんな間違いが起こるかわからない、そうお考えになったそうです。それを知ってか知らでか、なんと阿難陀さん、結集直前でさとりを開くことができたそうです。ほんと、よかったです。そのおかげで、ご自身が聞いてこられたお釈迦さまのお説法を「如是我聞」と、五百人の比丘の方々の前でお話しになることができたのです。

さてさて、実は阿難陀さんの男前エピソードがたくさん残っているのですが、それをお話ししておりますと明日の朝になってしまいますので、残念ながら割愛させていただきます。ちなみに、ここでいう男前は男気があるという意味ではなく、単純に見た目のことでございます。彼に恋する女性が後を絶たず、様々なトラブルに巻き込まれていきます。

はい、可哀想といえば可哀想ですし、災難といえば災難です。けれども、それを縁として、女性の方々も仏法に出遇っていかれましたので、男前というのも手立てとしては、大事なご縁かもしれません。今も、どなたとは申しませんが、多くの方々がウットリと阿難陀さんを見ておられます。いいんですよ、なかなかご本人にお会いできる機会もございませんので、思う存分、見ておいてくださいませ。

申し遅れましたが、阿難陀さんは、お釈迦さまの従弟《いとこ》でございます。スッドーダナ王の弟、ドートーダナの息子で、お釈迦さまがおさとりを開かれた成道の日に生まれたといわれておりますので、お釈迦さまとは三十五歳違いでございます。ただ、お釈迦さまの出家の年との説もございますので、そうなると二十九歳違いになります。そうですね、ある程度のお歳になってからの六歳の違いは、お姿からはわからないですね。

さて、阿難陀さんについて、ぜひとも伝えさせていただきたいのは、比丘尼の教団についてでございます。はい、比丘尼とは女性の出家者です。お釈迦さまのお母さま、マーヤー夫人の妹、マハーパジャーパティーさん、はい、そうです、お釈迦さまの育ての母です。彼女が出家を望んだ時、お釈迦さまはお認めになりませんでした。差別ではなく、女性が教団に加わることで道を誤る者が出てくるであろうという理由でした。これは、男前の阿難陀さんに次々と女性絡みのトラブルが起こったことからも、容易に想像ができることです。

しかし阿難陀さん、心を込めてひたすらに頼まれます。温厚なことで知られる阿難陀さんが、自分の主張を曲げず、お釈迦さまに切々とお願いをされたからでしょうか、これにより女性の出家が許されます。阿難陀さんがおられなかったら、私自身、こうして皆さまと『阿弥陀経』ツアーに、僧侶としてご一緒できていなかったかもしれません。こうして女性の方々にも道を開いてくださった「多聞第一」の阿難陀さんは、十大弟子のお一人です。

しかしあらためてですが、二十五年間もお釈迦さまの教えを聞き続けていても、そのお心に気がつけないんですね。心が折れる？　法話を聞きにいっていたけど、もうやめようか？　そんなことを仰らないでください。早まるな！　でございます。そういう意味で申し上げたのではございません。

何年聞いたから理解ができるようになった、そういう教えではないということです。阿難陀さんの努力が足りないから、能力がないから、二十五年間も聞いたのに理解ができなかった、ではないということです。教えを聞く縁が整うかどうかです。ハハハ、そうですね。知らないオッサン、オバサンが師匠に変わるかどうか、ですか。そんな話をしておりましたね。

縁が整う、これは今日の皆さんがそうです。縁が整い、機が熟して、今、ここにおられる。『阿弥陀経』ツアーと聞いて、楽しみにしてご参加くださった方もおられると思います。ありがとうございます、頷いてくださっている方々が多くおられます。

反対に、行きたくなかったのに、家族や友人に頼まれて一緒に来てしまったという方もおられるでしょう。正直な方々が何人か目をそらされましたが、いいんですよ、お気遣いなくです。断る理由はいくらでも作れたはずです。それでも、ここに身を運ばれた。それが、事実です。

そしてそれは、自分の意思を超えて、縁が整い、機が熟して、です。阿難陀さんにとって、それは二十五年かかった。長いのでも短いのでもなく、二十五年だったということです。はい、ご指摘、ありがとうございます。阿難陀さんは、お釈迦さまの説法を聞く縁が整ってから二十五年かかったのではないかと、お聞きくださった方がおられます。縁は一回整ったから終わり、ではございません。一回一回の説法、それぞれに聞く縁が整い、そして、お釈迦さまのお心に気づかされる縁も、阿難陀さんの場合は二十五年かけて、整ったということでございます。

これは私の想像ですが、尊敬しすぎておられたのかもしれません。近くにいて、お釈迦さまの偉大さを知っていたからこそ、偉大な方だというフィルターを通して見てしまっていた。つまり、お釈迦さまのようにならないといけない、お釈迦さまがお手本であり、見本であり、ゴールであった。けれども自分は、そんな偉大な人にはなれないと思っていた。

違ったのです、そうではないのです。お釈迦さまは、乗るべき〝船〟があると教えてくださった人だった。そう気づかれたのです。舎利弗さんのところでもお話ししいたしましたが、「そのまま聞く」ことの難しさですね。申し訳ございません、ついつい話しすぎてしまいました。

◇

さて、阿難陀さんが生まれたのが、お釈迦さまの出家の年であったなら、この方と同じ歳になります。

羅睺羅、

まぁ、すごいですね、この情報だけでお気づきの方もおられましたが、次に紹介するのは、羅睺羅《らごら》さんです。舎利弗さんと目犍連さんの、ちょうど後ろに座っておられます。お釈迦さまのお子さまです。成道後、六、七年してお釈迦さまが故郷に帰られた時に、出家をされました。その時、十三歳、もしくは十五歳であったといわれます。九歳という説もありますが、どちらにしても、若くして修道生活に入られたことになります。

　王家に生まれ、生まれたと同時に父が出家をしたことで、父を知らずに育ち、やっと再会をしたと思えば、出家をすることになり、父と子ではなく、師と弟子になってしまった。どうでしょう、思わず可哀想と言葉が出た方もおられましたが、同情してしまう身の上です。実際、当時も多くの方が、同情されたようです。皮肉なことに、その同情が羅睺羅さんの甘えを生みました。

　幼いから仕方がないといえばそうですが、些細な嘘をつき、それによってお釈迦さまのお弟子さんたちの多くが迷惑を被ることが度々起こりました。また、王家の出身だという傲慢さも、顔を見せていました。父として、そして仏道を歩む先輩としての慈愛から、羅睺羅さんを出家させたお釈迦さまですが、子としての羅睺羅さんの立場からすれば、それは強制的なものであったのかもしれません。仏道を歩むという心が起こされなかったのは、当然といえば当然のこと。お釈迦さまであっても、すべての人にその教えが受け入れられたのではないのです。

「弟子の準備ができた時、師匠が現れる」と言ってくださった方がおられましたが、「聞き手の縁が整った時、話し手の言葉の真意が聞き取れる」のかもしれません。舎利弗さんしかり、阿難陀さんしかり、そして羅睺羅さんしかりです。「師匠が現れる」

というのは、どこからともなく現れるというのではなく、今まで会っていても気づいていなかったという意味です。羅睺羅さんでいえば、お釈迦さまは自分が生まれてすぐにお城を出て行った人、だったのです。自分と家族を見捨てた父、だったかもしれません。

けれども、直接の師である舎利弗さんや目犍連さんのお育てにより、そして何より、お釈迦さまの教えに触れ、師匠として出遇い直したのです。その後、まじめに仏道を歩まれた羅睺羅さん、まじめすぎたんですね、きっと。戒律といわれるルールをキッチリ守ろうとして、お釈迦さまのお手洗い、トイレで寝たという逸話も残っております。十大弟子のお一人で、「密行第一」といわれていますが、「密行」とは、戒律を正しく厳正に守り修行することです。

◇

憍梵波提、

次に紹介するのは、憍梵波提《きょうぼんはだい》さんです。この方は、そのお姿に特徴があるので、すぐにおわかりになると思います。憍梵波提さんを捜す前に、まず地面をよく見てください。赤く乾いた土の上に、牛のような足跡が見えるかと思います。はい、そうです。その足跡が途絶えたところに座っておられる方が、そうです。足の爪が牛のようであることから、また、牛のように一度食べたものを反芻されることから、牛王、牛主、牛跡、牛相ともされています。

お釈迦さまのお弟子になられたのは比較的、早い時期でした。五比丘といわれる、お釈迦さまの最初のお弟子さんたちが生まれたあとに、ベナレスの大長者の息子が弟子になりました。これは、当時の人々にとって、かなりの驚きだったようでございます。あら、噂話みたいですね、失礼しました。その息子さんの四人の友達も続いて、弟子になったのですが、その中の一人が憍梵波提さんでした。

彼もまた長者の息子でした。出家後は「解律第一」ともいわれ、戒律を理解することに優れていたそうです。お釈迦さまが亡くなられた後の第一結集には、戒律についてその力を貸してもらおうと、議長役の摩訶迦葉さんからお声がかかったほどでした。出席はされなかったんですけどね。なぜか？　ですか。

「迦葉尊者の打ちし鐘　聞こえぬ所ぞなかりける　憍梵波提一人こそ　定に入りては聞かざりし」。これは平安時代末期に、後白河法皇によって編まれた『梁塵《りょうじん》秘抄《ひしょう》』という歌謡集に納められている歌です。「定《じょう》」とは「禅定《ぜんじょう》」のことで、坐禅をくんで心を静め、精神を集中して真理を考える、とでも言いましょうか、ザックリ言うと瞑想です。摩訶迦葉さんが「結集に来てくださいー」と打った鐘の音は響きわたり、聞こえない所がなかったけれども、ただ一人、瞑想していた憍梵波提さんの耳には入らなかった、と歌っているのです。そう、これが出席をしなかった理由です。しなかったというより、出来なかったんですね。

◇

ダメですね、サラッと紹介するつもりが、実際にその方々を前にすると、あれも、これもと思ってしまって。ついつい、長々と話してしまいます。言い訳をするようですが、皆さん、生まれ育った環境も、出家をされる背景も様々なものですから……。

実は、次に紹介する方の出家の動機は、今までの方とは随分と異なります。賓頭盧《びんずる》頗羅堕《はらだ》さんといって、頭髪が白い方です。眉毛は長く垂れて、お顔を覆うようになっている方です。はい、そうです。左手に杖を持ち、左脚を立てて座っておられる、あの方です。諸説あるのですが、その一つによると、舎衛国のとても貧しい婆羅門の家にお生まれになったとか。七人の子どもの中の一人で、おまけに大食いであったことから、食べ物を求めて出家をされたそうです。教団には多くの施しの食べ物があるだろうと思ってのことだと、いわれております。

別の説では、その七人の子どもは全て女の子で、その子どもたちの父親を賓頭盧頗羅堕さんだとするものもあります。また別の説では、お釈迦さまの教団を保護した優塡王（Udayana）の国師の家に生まれ、幼いころから優れていたことから、国王に勧められて出家したというものもあります。はい、そうですね。目の前におられるので、お聞きした方が早いですね。確かにそうですね、でも、もしそれが出来たとしても、食べ物目当てで出家したんですか？　とは、聞きにくいですね。

なぜ出家をされたのか？　その背景を知ることは大事かもしれませんし、正直なところ、興味もあります。けれども、今、ここにいるという事実、お釈迦さまの説法の場にいるという事実が、本当は大事なのかもしれません。

賓頭盧頗羅堕さんで言えば、貧乏な生まれか、国師の家に生まれたのか、食べ物を求めてか、国王に勧められたのか、それらはすべて縁であって、いずれであっても、それらの縁によって、今、ここにおられるということが事実なのです。そうです、生まれ育った環境も、過去の経歴も、問われないのです。踏み込んで言えば、今、ここ、が定まれば、過去も変えられてしまうのです。はい、変えられます。

自分が努力して変えるのではなく、変えられてしまうのです。正しくは、過去の意味が変えられます。仮に賓頭盧頗羅堕さんが、貧しい家に生まれ、食べるために出家をしたとしましょう。生まれ育った環境や出家の理由、それら過去の事実は変えることができません。けれども、今、この場で、お釈迦さまのお説法を聴いているという事実、ここを起点に過去を振り返れば、貧しく、食べるものがなければ、お釈迦さまのお説法を聴く縁はなかったはずです。辛かった、苦しかった、ひもじかった、その事実は変わりません。けれども、意味が変えられるのです。そうです、辛く、苦しい過去も、決して無駄ではなかったのです。無駄なことなど、何もないのです。

今回、このツアーにご参加くださった皆さまの背景を、私は存じ上げておりません。おりませんが、今、この場に、お釈迦さまのお説法の場に、共に、身を運んだという事実。その事実が、とても大事なことだとあらためて気づかされた思いがいたします。

◇

迦留陀夷、

次は迦留陀夷《かるだい》さんです。この方は、お釈迦さまと誕生日が同じだったと伝わっています。はい、同年です。お釈迦さまが出家をされる前、釈迦族の王子であった時は、侍者として仕えていましたが、同じ時に出家をされたわけではありません。お釈迦さまがお城を出られてからは、外交官のようなこともされていたようです。男前といえば阿難陀さんですが、迦留陀夷さんもなかなかの男前。急にそわそわし始めた方もおられますが、阿難陀さんと違い、迦留陀夷さんはセクシー系です。Bingo! 当たりです。はい、その方です。肌の色が黒いので、ちょっとワイルドで素敵ですね。いえ、別に私のタイプというわけではございません。ただ、かなりおモテになられたようです。外交官として、仕事で行った先のコーサラ国側の外交官の奥さんと、いい関係になったとか。そういう話は枚挙にいとまがございません。ですね、あれはモテるタイプです。弁舌さわやかな男前で、褐色の締まった体。褐色というより、真っ黒ですが。

実は、黒くなったのは、シッダールタ王子を守ってのことだといわれています。毒蛇に襲われそうになったのを見て、そばに仕えていた迦留陀夷さん、当時はウダーイと呼ばれていましたが、ウダーイさんは即座に刀を抜き、毒蛇を真っ二つに。すると、その蛇の毒がかかり、全身が真っ黒になってしまったそうです。このことから、黒という意味のカールをウダーイに付けて、カールダーイと呼ばれるようになったとか。

はい、そうですね、名誉の黒色でございます。

さて、覚えておられますでしょうか、お釈迦さまの息子さんの羅睺羅さんが出家をされたのは、お釈迦さまが故郷に帰られた時だと申しておりましたことを。実は、お釈迦さまのその帰省に関わっていたのが、迦留陀夷さんだったのです。お釈迦さまのお父さま、スッドーダナ王の使者として間を取り持ち、お釈迦さまに会いたいという王の願いを成就させたのです。はい、なかなかのやり手でございます。この一連のやり取りの中で、お釈迦さまによって出家をさせられたとも、思うところがあって自ら望んで出家をしたともいわれています。

ちなみに出家をした後も、戒を犯し続けておられたようでございます。主に、女性関係でございますが。はい、当然、お釈迦さまにもよく教訶（おしかり）を受けていたようでございます。そうですね。憎めないといえば、憎めないですね。血の通った人間らしさがある、ですか、確かにそうだと思います。だからということでもないのですが、一般の人々のお気持ちがよくわかったようです。

さとられた後は、主に世間一般の方々に、お釈迦さまが明らかにされた教えを説かれました。一説には、コーサラ国の首都・舎衛城だけでも九百九十九のご家庭が、迦留陀夷さんによって仏法に帰依されることになったとか。そんな迦留陀夷さんですが、千軒目に行った家の娘によって殺され、ゴミ捨て場に捨てられてしまいます。はい、衝撃的な話なので、あえてサラッと言ってみました。

はい、そうでございます。先に言ってくださり、ありがとうございます。詳しいことは本のリストをご参考に、でございます。

◇

摩訶劫賓那、

残すところは三名の方々です。次に紹介するのは、摩訶劫賓那《まかこうひんな》さん。辺国にあったククタ国の王子として生まれ、その後、国王となった方です。羅睺羅さんの隣に座っている方です。

はい、知的で上品なお顔立ちですね。この方も諸説あるのですが、知識を求め、家臣たちをあちこちに派遣したといわれています。ある日、一人の商人からの情報で、お釈迦さまが祇園精舎、ここですね、今、私たちがいるこの祇園精舎におられると知ります。すると、お釈迦さまの教えを聞きたいと、すぐさま千人もの家来たちを引き連れてこちらに向かわれたそうです。しかし、そんなに多くの家来と一緒に出かけたら、留守の間に他国から攻められるのでは？　と、自分の国でもないのに心配をしてしまいます。ですよね、心配ですよね。心配ですが、その後、ククタ国がどうなったのかは存じ上げません。

摩訶劫賓那さんは、千人もの家来共々出家し、お釈迦さまのお弟子となり、今は、そこに座っておられます。ちなみに、王妃も王の後を追い、多くの侍女たちを引き連れて、ここ祇園精舎に来て、出家をされました。余談でございますが、摩訶劫賓那さんがこちらに向かっていることを知ったお釈迦さまは、途中の河まで迎えに行かれたそうです。そしてご一緒に、ここに来られたとか。

わざわざ迎えに行かれた理由ですか？　依怙贔屓では、ございません。はい、よく覚えておられますね。そうです、摩訶迦葉さんには、よく参ってくださったと、ご自身の横の席をお勧めになりました。それぞれの関係性の中で、それぞれに応じた行動を取っておられたのかもしれません。

これは私の勝手な推測ですが、目覚めた人、ブッダとなったお釈迦さまだからといって、ふんぞり返っていたのではないのです。大きな国の王が大勢の家来を引き連れて教えを乞いに来る、自分を大きく見せようと尊大に振舞おうと思えば、迎えに行く必要はなかったはずです。けれども、共に教えを聞く仲間として迎えに行かれた。邪推の邪推ですが、そんなお釈迦さまのお姿に触れ、連れて来られた千人の家来の方々も、この人の下でならと、出家をされたのかもしれません。

◇

薄拘羅、

　次は数奇な運命をたどった方です。少し離れたところで、穏やかに微笑んでおられるおじいさん、あの方が薄拘羅《はっくら》さんです。病気ひとつすることなく、百六十歳まで元気に生きられたそうです。はい、百六十歳です。現在、ギネス記録になっている最高齢の方は、百二十二歳だったと記憶しております。その方よりも、四十年近くも長く生きられたことになります。本当かとお聞きの方が多くおられますが、そう伝わっているとしか申し上げられません。

　実は薄拘羅さん、幼少期に魚に食べられたことがあったそうです。はい、数奇な運命でございます。自分で誤って川に落ちた、実の母親が落としてしまった、継母に投げ捨てられた等々、諸説ございますが、共通しているのは大きな魚に丸のみされたということ。その後、川下でその魚が捕まえられ、お腹を割いたら薄拘羅さんが元気に出てきたそうでございます。とにもかくにも、元気。ある説によりますと、幼少期には、彼を妬んだ継母によって、肉を煮ている鍋の中に放り込まれたそうですが、火傷一つ、怪我一つもしなかったとか。開いた口が開いたままの方もおられますが、凄い継母ですね。薄拘羅さんも凄いですが。その元気さは出家後も変わらず、無病息災で百六十歳まで長生き。今ですか？　今、おいくつなのでしょうか。申し訳ございません、お歳は存じ上げません。

ご覧ください、穏やかに、幸せそうな表情で、お釈迦さまのお説法が始まるのを待っておられます。これが薄拘羅さんです。ご自身が法を説かれることもなく、ただ、聞く。どうでしょうか、お釈迦さまの教団を組織として考えた場合、薄拘羅さんは長老といってもいいお立場です。舎利弗さんのように説法をしたり、迦留陀夷さんのように信者を獲得したり、と言うと、企業のようなイメージを持たれてしまうかもしれませんが、それでも、それなりに立場に見合ったお仕事があるのでは？　と、思ってしまいます。お説法を聞いているだけでいいのかと。

別に薄拘羅さんを責めているわけではありません。でも、いかがなものか……と、申しましたが、実は、ただ聞くというお姿を見せることも、大事なお仕事なのかもしれません。もちろん薄拘羅さんご自身には、そのような作為的な思いはありません。けれども、ただ聞き続けているという先輩のお姿が、説法以上に、見る者に語りかけてくることもあるのではないでしょうか。

少し話がそれてしまいますが、病気になられた方や、高齢になられた方が時々、こんなことを仰います。「みんなの迷惑になるから申し訳ない」「寝たきりになったら、何もできない」と。勘違いも甚だしいです。病気になったり、高齢になったりしたからといって、急に迷惑をかけるようになるのではないのです。安心してください。生まれた時から迷惑のかけどおしです。もちろん、私もです。迷惑をかけるのがダメなのではなく、迷惑をかけていることに気づいていないことが、痛ましいのです。そして、何もできないと、ご自身を卑下しないでください。仮にベッドで寝たきりであったとしても、そのお姿を通して、周りの人々が教えられることは多くあります。ご本人さんは不便で、辛いかもしれませんが。黙って聞き続けている薄拘羅さんの姿から、そんな大事なことをも、知らされるようです。

◇

お釈迦さまが、千二百五十人の素晴らしいお坊さんの中から、お名前を呼ばれた方を順に紹介して参りましたが、いよいよ最後の方です。お釈迦さまの従兄弟といわれ、『阿弥陀経』では阿㝹楼駄《あぬるだ》と呼ばれる、阿那律《あなりつ》さんです。

はい、そうです。心の眼でなんでもお見通し、「天眼第一」の阿那律さん。お釈迦さまの十大弟子のお一人で、この方も、男前です。幼い頃から優れた容貌と風格を備えていたため、人々に愛されて育ったそうです。一説には、肌は黄金色で、鼻が高く、鸚鵡《おうむ》の嘴《くちばし》のようだといわれていますが……。確かに、高い鼻で端正なお顔立ちですね。鸚鵡の嘴のようには、私には見えませんが。黄金色というのは、光り輝いて見えるほどの高貴な方という意味かもしれません。見えますか？　そうですね、そう言われれば、黄金色に見えるような気もいたします。

さて、お釈迦さまの従兄弟で、釈迦族の出身だということは伝わっていますが、詳しい関係性まではわかっておりません。しかし、釈迦族という王族に生まれ、おまけに男前って、恵まれすぎていますよね。そんなことを言えば、お釈迦さまもそうですが。

そんな阿㝹楼駄さんには、こんな面白いエピソードが伝えられています。宮殿暮らし、しかも、熱際時・雨際時・寒際時と、季節に合わせた宮殿で暮らしていました。はい、そうです。お釈迦さまもそうでした。暑い時には涼しく、雨期には爽やかに、寒い時には暖かくと造られた三種類の宮殿、これらを三時殿というのですが、その宮殿で、多くの侍女にかしずかれて暮らしていたので、世間のことをご存知ない。十五歳になっても、お米がどのように出来るかを知らなかったそうです。

ある時、お米はどうして出来るかという話になり、阿㝹楼駄さんはご飯を盛る黄金のお皿から出来ると言ったそうです。びっくりでございます。びっくりといえば余談になりますが、阿㝹楼駄さんの出家のエピソードは『今昔物語集』にも書かれております。はい、平安時代後期に書かれたとされる、あの説話集です。巻一第二十一話は「阿那律跋提出家語」、そこにも「三時殿を造て阿那律に与へて采女と娯楽せさする事无限し（さする事限無し）」とあります。

さてさて、そんな阿㝹楼駄さんも出家をされます。動機や経緯は諸説、伝えられております。けれども根源的な理由は、ご飯だけでは人は生きられない、ということではないでしょうか。生きるのに食べ物は必要です、けれども、食べ物だけでは人は生きられないのです。それだけでなく、阿㝹楼駄さんの出家は、望むものを全て手にしても、それでもなお、人は満たされないという事実。それをも、私たちに見せてくださっているのではないでしょうか。

煩悩、ですか？　そうですね。けれども、煩悩が悪いのではありません。ここでそのお話をすると長くなってしまいますので結論だけ申しますと……。本当は、丁寧にお話したいのですが。結論は、煩悩がなければ、阿㝹楼駄さんは出家をされなかったということです。これは事実です。

煩悩がなければ、出家をされなかったし、さとるということもなかったのです。はい、煩悩が悪いのではないのです。煩悩万歳！　ですか？　開き直りは、いかがなことかと思いますが……。

さてさて、最後に「天眼第一」について。長い話をサクッと短く申し上げますと、阿㝹楼駄さん、居眠りされたんですね。あろうことか、お釈迦さまのお説法の最中に。場所はここ、祇園精舎でした。それに気づかれたお釈迦さまに、なんのために出家をしたのかと問われます。それ以降、不眠不休の誓いをたて、とうとう失明をしてしまいました。途中、お釈迦さまも心配して、寝なさいと仰ったんですが……。

いいえ、違います。頑固だからとか、意地を張ったということでは、決してありませんが、その後のことです。天眼を得たといわれます。天眼ですか？　すべてを見通すことのできる眼のことです。

◇

十六人のお弟子さんを順番に紹介して参りました。今さらですが、ちょっと喋りすぎてしまいました、申し訳ございません。『阿弥陀経』のお説法が始まる前の限られた時間ではございますが、その人となりが少しでも伝わるようにと、お話しさせていただきました。けれども、言葉が足らず、たとえば阿冕楼駄さんであれば、意固地な人だと思われてしまった方がおられたら、阿冕楼駄さんにも、本日、ツアーに参加してくださった方々にも申し訳ない思いがいたします。

ありがとうございます。実際に自分の目で見ているから大丈夫と言ってくださった方がおられます。けれども実は、それがアテにならないのでございます。

ごめんなさい。私を慰めようと思って言ってくださったのに、失礼なことを申してしまいました。

けれども、例えば迦留陀夷さん。色男エピソードが多すぎて、抑え気味に話すように心がけたのですが、たぶん言外に沁み出てしまっていたかもしれません。違いますね、あらためてこうして言ってしまったことで、そのイメージを私が染みつけてしまいました。そうすると、皆さんがご自身の目で、実際に迦留陀夷さんを見ているつもりでも、そのままのお姿は見ていないのです。見えなくなってしまったのです。わかりにくかったでしょうか？　これは私たちの日常でもあることです。

道を歩いていて、知り合いに出会ったとしましょう。仮にキャサリンとしましょう。私たちは、「キャサリンだ」とは思わないのです。「私の好きなキャサリン」もしくは、「私の苦手なキャサリン」。それとも「私にお土産をくれたキャサリン」か「私に意地悪したキャサリン」、もしくは色男ならぬ「色女キャサリン」です。つまり、自分の勝手な思いで、相手を見ているのです。それなのに、ちゃんと見たつもりになっているのです。はい、そうですね。天眼を得たといわれる阿㝹楼駄さんは、そのような色々な思いから解放されたのかもしれません。

2　菩薩摩訶薩たちと神々たち

さて、この『阿弥陀経』の説法の座におられる素晴らしい千二百五十人のお坊さんたち。この中には、紹介した十六人のお弟子さんたちだけでなく、菩薩さんたちもおられます。摩訶薩の意味ですか？　ざっくり申し上げますと、菩薩と同じ意味でございます。はい、菩薩さん方おられますよ、そこに。

如是等、諸大弟子、
并諸菩薩摩訶薩、

◇

お釈迦さまの左、こちらから見ると右ですが、獅子に乗っておられるのが文殊菩薩さんです。『阿弥陀経』では文殊師利法王子《もんじゅしりほうおうじ》と呼ばれていますが、あまりにも自然すぎて、気づきませんでした？　ねぇ、ほんとですね。見ているようで、見ていないんですね、獅子までいるのに。

文殊師利法王子、

文殊師利法王子さんは、諸仏の智慧をつかさどる菩薩で、右手に智剣《ちけん》を、左手には青蓮華《しょうれんげ》を持っておられます。短剣のようですが、あれは智剣と言って、智慧の剣です。智慧が煩悩を断ち切ることを表していると言われております。しょうれんげ、ですか？　青い蓮華と書き、睡蓮の一種で、これは仏さまの眼に喩えられているとも言われております。

次にお名前が挙げられるのが、阿逸多菩薩《あいったぼさつ》さんです。どの方かとお探しの方もおられますが、弥勒菩薩さんのことです。と言えば、すぐにおわかりになるのではないでしょうか。美しいですね。京都の広隆寺さんにある国宝のお木像が有名ですが、やはり、こうして実際にお会いしますと、圧倒されると申しますか、吸い込まれてしまいそうです。弥勒菩薩さんは、お釈迦さまがお亡くなりになった後、五十六億七千万年後にこの世界に現れて衆生を救うといわれております。

ここで、トリビアをひとつ。お経さんトリビアです。今、私たちは『阿弥陀経』というお経さんの中におりますが、他の色々なお経さん、たとえば有名どころの『法華経』や『維摩経』などなどにも、菩薩さんが登場されます。その多くは、対になって登場されます。『阿弥陀経』でいえば文殊菩薩と弥勒菩薩というように、ペアで登場されているということがトリビアでございます。つまり、文殊菩薩は智慧を、そして弥勒菩薩は慈悲を表しておりますので、智慧と慈悲は一対、ペアということになるのです。謎解きみたいで面白い？　そうですね、仰るとおり、謎解きみたいですね。面白いと言ってくださって嬉しいです。

では謎解きということで、なぜ『阿弥陀経』では智慧と慈悲なのか？　これは、いかがでしょうか。そうですね、確認をされた方がおられますが、『阿弥陀経』で説かれるのは、阿弥陀さまの国と、阿弥陀さまについてです。そのことが説かれるお釈迦さまのお説法を、智慧を表す文殊菩薩さんと慈悲を表す弥勒菩薩さんも聞きにこられたということは……。気になったから？　はい、その通りだと思います。

智慧や慈悲を課題としている菩薩さんたちにも応答するお説法が、これから始まるということです。ですので、気になって聞きにこられたとも言えます。

はい？　そうですね。そうとも言えますね。大事な視点だと思います。今、阿弥陀さまの国と阿弥陀さまは、智慧と慈悲に関わるのかと、言ってくださいましたが、その通りだと思います。

◇

はい？　次もペアになっているのか、ですか。いいご質問です。次にお名前が挙げられる乾陀訶提菩薩《けんだかだいぼさつ》さんと、常精進菩薩《じょうしょうじんぼさつ》さんもペアになっております。ただ実は、ここでちょっとした問題がございます。通常のペアと違うのです。

先ほど有名どころとして紹介した『法華経』や『維摩経』では、常精進菩薩さんは違う菩薩さんとペアを組んでいます。

誰か？　ですか。不休息菩薩《ふきゅうそくぼさつ》という方とです。それなのに『阿弥陀経』では、乾陀訶提菩薩さんとペアを組んでいるのです。え？　ケンカでは、ありません。仮にペアと申しましたが、別に痴話げんかをしたとか、そういうことではございません。一対になっているということでございます。

鳩摩羅什《くまらじゅう》三蔵法師という名前を覚えておられますでしょうか？　はい、翻訳をされた方です。実はこの方、この『阿弥陀経』だけでなく、『法華経』や『維摩経』も翻訳をされています。そこでは、不休息菩薩さんと一対にしているのに、『阿弥陀経』では乾陀訶提菩薩さんと一対にしている。なぜか？　何があったのか？　そうですよね、気になりますよね。

江戸時代のお坊さんで、香月院深励《こうがついんじんれい》という方がおられます。この方は、翻訳した鳩

乾陀訶提菩薩、常精進菩薩、

摩羅什さんの思し召しではないかと、仰っています。つまり、鳩摩羅什さんにはお考えがあって、こうされたのではないかと。では、どういうお考えだったのか？　そうです。そう考えるのが妥当だと思います。

『阿弥陀経』のテーマ、阿弥陀さまの国と、阿弥陀さまについては、不休息菩薩さんではなく、乾陀訶提菩薩さんが課題としていることが鍵となる、そうだと思います。では、乾陀訶提菩薩さんが課題としていることは何か？　そうですね、そもそも、乾陀訶提菩薩さんって、どなた？　ですね。

乾陀訶提菩薩《けんだかだいぼさつ》さんは、香象菩薩《こうぞうぼさつ》さんともいわれる方で、そこにおられます。右手に蓮を持っておられますので、すぐわかるかと思います。その蓮の上に、香器が載っています。いい香りが、こちらにも漂ってきますね。左手は拳にして、腰に置いておられます。象のような絶大な力を持っているともいわれておりますが、香月院深励さんによりますと、仏教の経典においては信心を象の手にたとえているといわれます。はい、そうです。乾陀訶提菩薩さんが課題としていることは、信心だということになります。その信心とペアになっている菩薩さんが、常精進菩薩さんです。

常精進菩薩さんは、乾陀訶提菩薩さんの隣におられます。柔らかい白色の肌をされていて、両耳がお釈迦さまのように垂れていて、右手には宝珠を持っておられます。橋の欄干についている擬宝珠《ぎぼし》の上の部分を小さくしたようなものが宝珠です。『維摩経』に書かれた訳者・鳩摩羅什さんの註釈には「常精進とは始終退せずに常に修すること」とあると、香月院深励さんはいいます。つまり、常に怠ることなく仏道修行につとめはげむという意味で、精進ともいいます。そうです。常精進菩薩さんの課題は「精進」です。

◇

ここには他にも多くの菩薩さんがおられますが、『阿弥陀経』でお名前が挙げられているのが、文殊師利法王子と阿逸多菩薩、文殊菩薩と弥勒菩薩の、智慧と慈悲ペア。そして、乾陀訶提菩薩さんと常精進菩薩さんの、信心と精進ペアの二組です。

まぁ、ありがとうございます。何人かの方から、ペアを変えて登場した乾陀訶提菩薩さんの課題である信心が鍵になるのでは、とのお声をいただきました。先ほど、謎解きみたいで面白いと言ってくださった方もおられましたが、実は、謎解きによって明かされる答えがあるわけではございません。答えはございませんが、皆さんご自身が、なぜこの方たちは、お釈迦さまのお説法を聞きに来られたのかと考えることで、見えてくることもあるのではないかと思います。

　今、ボソッと呟かれた方がおられました。私はなぜお説法を聞きに来たのだろう、なぜこのツアーに参加したのだろう、それも、大事な「問い」だと思います。

　はい？　申し訳ございません、わたくし地獄耳でございます。どんな囁きも聞き漏らしません。はい？　信心が鍵ということは、舎利弗さんの話とも重なる、ですか？

　はい、確かに、お釈迦さまが三十六回も繰り返し呼びかけられたのは「そのまま聞く」ことの難しさだと申しました。そのまま聞けないのは、信じることができないからではないか、ですか。なるほど。

　はい？　周利槃陀伽さんが、拠り所としていたのは、お釈迦さまのお言葉ではなく、「私なんてダメだ」という自分の思いだったという話、確かにいたしました。自分の思いは正しいという思いが、周利槃陀伽さんに、まるで垢のようにこびりついていたと、はい、申しました。そうですね、これは答えではございませんが、多くの方にご指摘いただいたように、信じることの難しさ、ですね。

　確かに、乾陀訶提菩薩さんの課題でもある信心とも重なります。はい？　やはり、謎解きでしょうか。そうですね、お説法を聞きに来られた方たちを通して、そのお説法の課題が浮かび上がってくることは、確かにあるかもしれません。

◇

与如是等、諸大菩薩、及釈提桓因等、無量諸天、大衆倶。

あら、申し訳ございません、紹介が遅くなりました。ここには、大菩薩といわれる方々だけでなく、釈提桓因《しゃくだいかんいん》さんを始めとした、数えきれないほどたくさんの天の神々も、お釈迦さまの説法を聞きにお見えになっておられます。

釈提桓因さんですか？　帝釈天さんのことです。はい、そうです。映画「男はつらいよ」の寅さんで有名ですね。

帝釈天さんは、仏教の守護神です。まぁ、どこにおられるか、よくわかりましたね。そうです、甲冑を着て、白い象に乗っておられる、あの方です。凛々しいお姿ですね。確かに、京都の東寺さんの立体曼荼羅におられますね。え？　何ですか？　大リーグの大谷翔平選手に似ている、ですか。確かに、ガッチリとした体格をされていますね。あまりジロジロと見るのも、失礼なことでございますが。

さてさて、ここにお集まりの千二百五十人の大比丘の方々、そのすべてを紹介することはできませんでしたが、お名前の挙がった十六人の方々だけでも、それぞれが異なった背景をお持ちです。王族にお生まれになった方から、食べるために出家をした方。お釈迦さまの代わりに説法ができるほどの方から、自他ともに愚かだと認める方まで、色々な方がおられますが、その方たち皆さんが、大阿羅漢なのです。

誰もがさとることができる教え、つまりそれは、お釈迦さまが説かれた教えが普遍だということでございます。はい、そうです。〝船〟ですね。お釈迦さまが見つけてくださった〝船〟には、どの時代の、どんな状況にある、どんな人をも、乗ることができるということです。

そうです。もちろんです。私たちも乗ることができます。見えませんが、〝船〟は確かにございます。

そして今、この場には、大比丘の方々だけでなく、大菩薩といわれる方々もおられます。はい、そうですね。菩薩の方々の課題にも応答する、お説法が始まるということでございます。

はい、そうです。菩薩さんたちも気になる、お説法が始まるのです。そうです、菩薩さんだけでなく、天の神々もお集まりです。

はい、神々も気になったのかもしれません。と申しましたが、神々にとっては気になるというより、喜びですね。仏法や仏法に帰依した人々を守るのが、帝釈天さんを始めとした神々ですから。自身が守るべき人々が多く集まり、自身が守るべき仏法が説かれるのを今か今かと待っている。神々がその場に来られるのは、とてもとても深い喜びからではないでしょうか。

はい、そうですね。それは私たちも同じですね。今か今かと待っております。そんな私たちの前には、千二百五十人の大比丘の方々、菩薩の方々、天の神々だけでなく、数えきれないほどたくさんの人々がお釈迦さまの説法を聞きに集まっておられます。アリーナでのコンサートのようですか？　始まるのを待っている、ある種の緊張感を伴った高揚感。なるほど、確かにツアーに参加してくださった皆さんは、そのような空気感ですが、あちらはちょっと違うようです。とても穏やかで静かです。

さて、『阿弥陀経』でのお説法は、出家されたお弟子さんのためだと表向きにはなっております。確かに一見すると、大比丘の方々へのお説法に見えますが、実はすべての人々、すべての存在へ向けてのお説法でございます。

はい、もちろんでございます。このツアーに参加した私たちのため……。いえ、この私のために、お釈迦さまが説いてくださるお説法でございます。あ、そろそろ始まるようでございます。皆さま、お静かにお願いいたします。

第2章

今現在説法

爾時仏告、長老舎利弗、従是西方、過十万億仏土、有世界、名曰極楽。其土有仏。号阿弥陀。今現在説法。
舎利弗、彼土何故、名為極楽。其国衆生、無有衆苦、但受諸楽。故名極楽。

「舎利弗よ、ここから西へ十万億の諸仏の国を過ぎたところに世界がある。名づけて極楽という。その国には仏がおいでになり、名づけて阿弥陀という。今、現にましまして説法をしてくださっている。

舎利弗よ、かの国をなぜ極楽というのか。その国に生きるすべてのものは、ありとあらゆる苦しみがなく、たださまざまな楽を受けるから、極楽というのである。」

◇

千二百五十人の大比丘や菩薩、天の神々だけでなく、ツアーに参加している多くの人たちがいるにもかかわらず、ここには説法をするお釈迦さまと私だけのような静寂があった。お釈迦さまが話しているのは日本語ではなかった。当然である。

しかし、その声が耳に届いた時には、言葉の意味が自然と理解できた。そして、そのことに違和感を覚えなかった。温かく重みのある声は威厳に満ちていたが、決して威圧的ではなかった。心地よい声でありながら、適度な緊張感もあった。

その声を聞きながら、ふと疑問が生じた。なぜ「西」なのだと。

阿弥陀の国は、北や南や東ではなく西だというのは、日本から見たインドを表しているのだろうか。いや、そもそも『阿弥陀経』は日本で説かれたものではない。お釈迦さまが、インドのここ、舎衛国《しゃえこく》にある祇樹給孤独園《ぎじゅぎっこどくおん》、祇園精舎で、今、説かれているお経だ。ということは、ここから西へ、しかも十万億という途方もない数の国を進むということになる。つまり、それは……。地球を西向きにぐるぐる回ることにならないか？

「はい、ご質問は何ですか？」

英月さんが、こちらを見てほほえんでいる。呼びかけられて気づいたが、どうやら右手を挙げていたらしい。積極的な人に見られがちだが、実は子どもの頃から引っ込み思案で、教室で質問をした記憶さえない。そんな自分が、手を挙げたことに自分でも驚くが、不思議とここでは素直になれる。子どもじみた質問だが、なぜ西なのか聞いてみよう。

「素晴らしい質問を、ありがとうございます。気になっておられる方も、多いのではないでしょうか。なぜ西なのか？　東じゃダメなのかって。」

ほっと、胸をなでおろす。こんなことを尋ねていいものかと思ったが、まんざら悪い質問でもなかったらしい。

「西って、どこ？　そう思いませんか。」

英月さんの言葉に、思わず頷いてしまう。

「ちなみに、東にもお浄土があるといわれています。それは、薬師如来の浄瑠璃浄土です。西だけにあるのなら、西という方角が特別で何か意味があるのかと思いますが、西だけじゃないんです。つまり大事なのは方角ではなく、西に極楽という世界があり、そこには阿弥陀という仏さまがおられて、現に今、お説法をされている。このことが大事なのです。」

なるほど、西方極楽浄土という言葉を聞いたことがあったから、西にしかないと思い込んでいたが、東にもあるのか。では、阿弥陀って誰だ？　阿弥陀如来という名前は聞いたことがあるが、東にいる薬師如来と何が違うのだろう。確か薬師如来は左手に薬壺を持っていたはずだ。実家の近くに〝お薬師さん〟のお寺があり、毎月八日に縁日があったから覚えている。あの薬で病気を治してくれると、亡くなった祖母が言っていた。では阿弥陀如来は、何をしてくれる？

「阿弥陀如来は、どんな仏さまか？　ですか。ご質問ありがとうございます。おかげで、大事なことをここで確認できます。」

誰が質問をしたかはわからないが、他にも同じことを思っていた人がいたようだ。

◇

「阿弥陀さまがどんな仏さまかは、そのお名前が表しています。表しているのは、漢字ではありません。漢字に意味はないんです。なぜなら音写語だからです。そうです、アメリカを亜米利加と書くのと同じですね。梵語、またはサンスクリット語ともいわれる古代インドの文章語のamitaを、阿弥陀と書き表したものです。

amitaは「a」と「mita」に分かれ、「a」は「無」、「mita」は「量」の意味があります。つまり阿弥陀とは、量ることが無いという意味なんです。

ちなみに、amitaの原語は、「無量寿」と訳されるAmitāyus、「無量光」と訳されるAmitābhaの二つあります。そうですね、仰るとおりです。量ることが無いって、わかるようでわからない言葉ですね。

たとえば原語の一つ「無量寿」は、量ることの無い寿命といえます。私たちは……、皆さんがどうかは存じませんので、私は、ですね。お恥ずかしながら私は、ついつい量ってしまいます。あの人は長生きしたなとか、短命だったなとか。健康な人だとか、病気だとか、怪我ばっかりしているとか。それだけではありません。あの人は、いい学校を出ている、いい会社に勤めている、いい仕事をしていると、羨ましく思ったり、反対に、私の方がマシではないかと他人を見下すような気持ちが出てきたり。意識してではなく、まるで条件反射のように瞬時に判断をしてしまっています。

なのに、そうして、量り、判断していることにさえ気づいていない。親子、兄弟、身内、パートナーに友人、周りにいる大事な人たちでさえ、役に立つか、立たないかで量っていることがありませんか。

なんて言ったら、冷たい人だ、計算高い人だと思われてしまいそうですが、「役に立つ人になりたい」や「役に立たなくてごめん」なんて言葉が、それを表しているように思います。もちろん、誰かの役に立ちたいと思う気持ちや、役に立てずに申し訳ないと思う気持ちを、否定しているのではありません。ただ、他人を、そして自分自身を、役に立つか立たないかを基準にして見ていないか？　と。

はい、そうです。仰るとおりです。一時、世間を騒がせましたね、「生産性」という言葉。あれも同じです。生産性があるかないかで、人を判断する。生産性がなくなり、役に立たなくなれば、生きている価値がないのでしょうか。

はい、そうですね、そういう見方もできるかと思います。言い難いことを言ってくださり、ありがとうございます。確かに世間の価値観であれば、当たり前のことかもしれません。役に立たなくなった人を、いつまでも雇っていくような余裕は企業にはないかもしれません。

ちょっと話が脱線しますが、親鸞さんは『涅槃経』というお経さんの言葉を著書に引用されています。「闇はすなわち世間なり」という言葉なのですが、どういうことかと言いますと、世間の価値観、世間の当たり前が闇となって真実を見えなくさせているというのです。では、真実とは何か？「量ることは無い」ということです。私たちは量ることのないいのちを、いただいているのです。他人とも、「昔はよかった」と過去の自分とも、比べることのないいのちです。

ちなみに、もう一つの原語「無量光」は、私たちがどこにいても、どんな環境、状況にあっても、必ず照らす。つまり、阿弥陀さまのはたらきが届いていることを表しています。まぁ、よく気づかれましたね。「無量寿」は時間を、そして「無量光」は空間を表しているのかと、お聞きくださった方がおられましたが、仰るとおりです。

ひとこと付け加えますと、「無量寿」で表されるいのちは「はたらきの本源（もと)」で、「無量光」で光明として表されるのは、そのはたらきです。あら、申し訳ございません、ちょっとややこしい話になってしまいましたね。

はい？　そうです、阿弥陀如来は「量ることの無い」という真実のことかとお聞きくださった方がおられましたが、そうです。真実にして変わらない、永遠普遍の真理です。って、これもわかりにくい言い方ですね。「もののありのままのすがた」のことです。それを仏教では「如《にょ》」と言います。その「如」から来られたから「如来」です。そうなんです。如来には、そういう意味があるんです。

「もののありのままのすがた」ですか？　ありとあらゆることがそうです。自分の思いを中心に量って見ている私たちは、まるで闇の中にいるように、世間の価値観に左右されて、ありのままのすがたを見ることができないのです。いのちのありのままのすがたは、「量ることが無い」ですが、健康か病気か、評価されたか、されてないかと、比べてしまう。そんな私たちに、「如」から来られた阿弥陀さまが、量ることの無い世界、比べることの無いいのちの世界を、今も現に説法してくださっていると、お釈迦さまは話し始められたのです。

そうです、今もです。嘘ではないです。お釈迦さまが生きておられた二千五百年前も、二十一世紀の今も、です。これは、阿弥陀さまという仏さまの教えに、いつでも出遇えるという意味です。出遇えますよ、それが説かれているのがこの『阿弥陀経』というお経さんです。この後に続く、お釈迦さまの説法を楽しみにしてください。

今回のツアーの見どころのひとつですが、阿弥陀さまの極楽の世界が皆さまの前に現れます。はい？　そうです。「その国に生きるすべてのものは、ありとあらゆる苦しみがなく、ただ、さまざまな楽を受けるから、極楽というのである」とお釈迦さまが説かれた、その極楽です。

そうです、極楽に生きるすべての者には苦しみがありません。それは、極楽が量ることの無い世界だからです。自分の大事ないのちさえ、量ったり、比べたりしている私たちですが、量ることも、比べることも、必要なかったと知らされる世界です。ちょっと先取りした話になってしまいますが、これから皆さまと一緒に目にする極楽の様々な姿、建物や花、鳥たち等もすべて、このことを表しています。はい、そうです。量ることも、比べることもない、「もののありのままのすがた」の世界です。その世界に触れることで気づかされる、知らされることが、あるのではないでしょうか。

はい？　そうですね、「もののありのままのすがた」の世界は、真実の世界といえるか？　ですか。そうだと思います。その真実の世界を知らないと、自分の思いを中心とした世界を当たり前だ、自分が見て、聞いて、自分の思い、つまり都合で理解した世界を真実だと思い続けてしまいます。

そうですよ、今ご質問くださった方と私は、同じ場所にいて、同じものを見ていますが、それぞれの都合、そして今までの経験で判断するので、理解した時には違うものになっています。量って、比べているからです。

例えば、私が首からかけている輪っかになった略式の袈裟、輪袈裟といいますが、これを見て、何か思われたことはありますか？　ありがとうございます。綺麗でしょ、英月という名前なので、法衣屋さんが月をデザインして作ってくださったものなんです。そうですか、月の意味までもお気づきでしたか。なるほど、デザイン関係のお仕事をされているんですね。今の方はデザインの美しさに目を奪われていたと仰いましたが、他の方はいかがでしょうか？

まぁ、そこに目がいかれるとは、ひょっとしてお寺さん関係の方ですか？　やっぱり、そうですか。今の方は、輪袈裟に入っている紋に注目されました。これですね、同じ浄土真宗でも十派、十個グループがあります。それぞれ紋が違うので、この紋を見ると、どのグループ、宗派ですね、どの宗派に属しているかがわかります。私の紋は佛光寺紋で、佛光寺派だとわかります。はい？　ハハハ、そうです、結構なお値段します。

皆さん、ありがとうございます。他にも色々なお声が聞こえましたが、デザインに注目される方、どこに所属しているかに注目される方、そして値段に注目される方と様々でした。輪袈裟は輪袈裟です。量るものでも、比べるものでもない。けれども、それを目にした途端、デザインのお仕事をされている方は、デザインの良し悪しを見る、同業者の方は、同業者という言い方もなんですが、どこの派に所属しているかが気になる、そして「おいくら？」と、値段が気になる方もおられる。もうそこには、輪袈裟という「もののありのままのすがた」はありません。

それがダメだと言っているのではありません。皆さんにとっては、ぶっちゃけあまり重要ではないと思われる、私が身に着けている輪袈裟であっても、これです。皆さんに関わりのあることでしたら、どうでしょうか？　あっと言う間に、自分の思いを中心に見てしまいます。そして、それが正しい、真実だと思い続けてしまう。そして、そのことにも気づいていないのです。

確かにそうです。比べてばかりだと、ため息まじりに仰った方がおられましたが、私たちが生きているのは比べてばかりの世界です。はい、そうです。それに対して阿弥陀さまのお浄土は、阿弥陀というそのお名前が「無量」を表すとおり、量ることの無い、比べることの無い世界です。その世界がありますよ、私が出遇ったその世界の話をしましょうと、お釈迦さまは私たちに呼びかけてくださっているのです。」

◇

英月さんの話を聞きながら、大きな勘違いをしていたかもしれないと思い始めてきた。興味本位で申し込んだ『阿弥陀経』ツアーは、「行きたいと思ったときに来てくれるのが阿弥陀の国！」というふざけたキャッチコピーも相まって、豪華絢爛な珍しいものが見られるものだと漠然と思っていた。しかし、どうやらそうではないらしい。いや、確かにこれから凄いものが見られるようだが、大事なのはその姿ではないと言っていた。そこで表されるのは、量ることも、比べることもない、「もののありのままのすがた」の世界だと。そして、それが極楽だと。ということは、少なくとも極楽は楽しい♬という、浮かれた世界のことではない、ということになる。では、極楽って何だ？　というか、どこに連れて行かれるのだ？

「はい、よく覚えてくださっていましたね。そうです、携帯電話を始めとした電子機器が使えなくなりますよとお話ししたこと、その理由と重なります。仰るとおり、阿弥陀さまのお浄土、極楽は私たちの価値基準を超えた世界です。それが、量ることが無い、比べることが無い世界です。」

誰が質問したかわからないが、いいことを聞いてくれた。

量ることが無い、比べることが無い世界は、私たちの価値基準を超えた世界だということは、自分の都合や思いといったものを超えた世界ということにもなる。そして、それが苦しみのない世界、極楽だということは……。

量り、比べることからの解放、それだけでなく、自分の都合や思いから解放された世界が極楽ということなのだろうか？

第3章　阿弥陀さまの極楽

１　もののありのままの姿

又舎利弗、

極楽国土、七重欄楯、

うわぁぁぁぁぁぁ。ちょっと待て、待ってくれ。

添乗員生活三十年、ありとあらゆる場所に行って来た。日本百景は言うに及ばず、世界遺産を始め、世界中の絶景といわれるところはすべて見てきたと自負している。しかし今、目の前に広がっているこの光景は何だ？　あまりの衝撃で、しばらく息ができなかった。落ち着け、落ち着け自分。そうだ、お釈迦さまが「舎利弗よ」と呼び掛けられたんだ。英月さんから、三十六回も呼び掛けられると聞いていたが、こんなに連呼するんだと思った瞬間、ここに来ていた。いや、連れて来られていた。

しかし、ここは凄いところだ、空気が輝いているように見える。欄干や並木、そのすべてが金、銀。あの紫がかった濃い青色の石はラピスラズリだろうか、透き通った石は水晶だ。しかも金は、二十四金に違いない。重厚な輝きが、銀の落ち着いた輝きと重なり、日の光を受けた水晶と共にキラキラと輝いている。そこにアクセントのように入った、磨き上げられたラピスラズリの美しさよ。

七重羅網、

天を覆っている、細い金と銀で、大小さまざまなラピスラズリと水晶の玉を編み連ねた網は何だろう。それが、一、二、三……、七重だ！　七重にもなっている。しかし、不思議と圧迫感はない。天の網だけではない、欄干や並木も七重になっている。

七重行樹。

フランスのシャンゼリゼ、イタリアはミラノのＬＥＤフェスティバル、日本国内にもイルミネーションが美しい場所は数多くある。しかし、ここにあるのは、まったく次元が違うものだ。

皆是四宝、

正真正銘の黄金や銀の並木が、ラピスラズリや水晶の実をたわわに付け、光り輝いている。それが七重にもなって、至るところをめぐっている。繰り返すが、黄金や銀の並木である。かの豊臣秀吉でさえ、黄金で作ることができたのは茶室だけだ。それが、ここは並木に欄干に、天を覆う網まである！　その輝きが、空気までをも輝かせているのだ！

周帀囲繞。是故彼国、名曰極楽。

あれは何だ？　プールのような池がある。しかも、宝石でできた池だ。金、銀、ラピスラズリ、水晶、乳白色の柔らかな輝きを放っているのは、硨磲貝《しゃこがい》だろう。赤い真珠も見える、そして様々な色が混ざり水晶のような光沢の石は、瑪瑙《めのう》だ。凄い！　七

又舎利弗、極楽国土、有七宝池。

つの宝でできた池だ！　なんて美しい。その池を満たす水の清らかで汚れのないことよ。おまけに、池特有の臭みがない……。しまった！　気づいたら、こんなにも池の近くまで来てしまっていた。ふと顔を上げると、英月さんがほほ笑んでいる。

「せっかくですから、そちらの階段から水際まで降り、池の水をすくって飲んでみてください。」

なんたる僥倖《ぎょうこう》！　極楽の水が飲めるなんて！　早速、階段を数段降り、しゃがんで両手を水につけてみた。

なんだ？　この軽やかでほどよく冷たく、軟らかな水は！　両手にすくい、口を近づける。なんと美しい……。あらためて、美しい味と書いて、美味しいといったなと思う。口にふくむと、その清らかさに驚いた。ツアーの添乗で、アメリカのカリフォルニア州にあるシャスタ山のふもとに水を汲みに行ったことがある。あの湧き水の清らかさにも驚いたが、ここの水は次元が違う。えもいわれぬ豊かさがあるのだ。そのせいか、ガブガブと飲んだシャスタ山の水とは違い、一口ですでに満たされた気持ちになっていた。

しかし池の水を飲むなんて、考えられないことだ。普通だと、健康な者でもお腹を壊してしまうだろう。「いかがでした？　八功徳水のお味は？」

「ハックドクスイ？」。英月さんの言葉に、思わず聞き返してしまう。何だ？　イケナイ水でも、飲まされてしまったのか？

「八つの功徳、功徳はすぐれたはたらきという意味ですが、それがそなわった水です。中国の善導というお坊さんが書かれた書物に、八つは、清浄潤沢・不臭・軽・冷・軟・美・飲時調適《のむときくちによし》・飲已無患《のみおわりてやすらか》とあります。清浄潤沢は清らかだという視覚、臭くないが嗅覚、軽い・冷たい・軟らかいが触覚で、美《うま》しが味覚、最後の二つが意識です。それらすべてに関わる、すぐれたはたらきがあるということです。〝飲已無患〟ですから、お腹を壊すこともないので、安心してご堪能ください。」

自分の人生の中で、池の水を堪能する日が来るとは思わなかったが、そもそも極楽に旅する日が来るとも思わなかった。人生、何が起こるかわからない。

しかし、池の底に敷き詰められていた、鈍く光っていたのは何だ？　階段をのぼり、元いた場所に戻っていた私は、池の淵から頭を突き出し、底を見た。一点の濁りもない清らかな水の底には、金色に輝く砂がどこまでも続いている。

黄金の砂だ！　驚いて顔を上げると、池に降りることができる階段が目に入った。

八功徳水、充満其中。

池底純以、金沙布地。

何のことはない、さっき自分がハックドクスイなるものを飲むために使った階段だ。あの時は、極楽の水が飲めることに興奮し、気にも留めていなかった。

しかし、なぜ気づかなかったのだと、自分に問いたい。池の四辺にある階段は、金、銀、ラピスラズリ、水晶で出来ているというのに！　おまけに、立派な楼閣まで建っているではないか！　楼閣は池と同じく、金、銀、ラピスラズリ、水晶、硨磲貝、赤い真珠、そして瑪瑙で飾られている。

そして、先ほど堪能した、ハックドクスイで満たされた池には、大きな蓮華がいくつも咲いている。しかも大きい、大きすぎる。京都の葵祭で見た、牛車の車輪ほどの大きさではないか。見事な蓮華である。青い蓮華は青く光り、黄色い蓮華は黄色く光り、赤い蓮華は赤く光り、白い蓮華は白い光を放っている。あぁ、なんて香り高いのだろう。

四辺階道、金銀瑠璃、玻瓈合成。上有楼閣、亦以金銀瑠璃、玻瓈硨磲、赤珠碼碯、而厳飾之。池中蓮華、大如車輪。青色青光、黄色黄光、赤色赤光、白色白光、微妙香潔。舎利弗、極楽国土、成就如是、功徳荘厳。

◇

「皆さま、楽しんでいただいておりますでしょうか。八功徳水は、召し上がられましたか？」

英月さんの声がする。どうやら、あのハックドクスイというのは、極楽の名物らしい。サンフランシスコのフィッシャーマンズワーフに行けば、クラムチャウダーを食べるようなものなのだろう。

「飲み放題ですので、ご遠慮なくお召し上がりくださいね。ここで、しばらく自由行動といたします。ご自由に極楽を散策してください。そんな方はおられないと思いますが、池で泳ぐこと、そしてたくさんあるからと、黄金の枝を折ったり、黄金の砂やその他の石を盗ったりしないようにお願いします。ここ極楽には、当然のことながら監視カメラはございません。しかし、仏さまが見ておられます。

はい、もちろんです。ご質問がございましたら、ご遠慮なくお聞きください。あら、早速、ありがとうございます。そうですね、一見すると贅沢の極みだと思われるでしょう。天の網、これは羅網《らもう》というものですが、羅網や欄干、並木、そして池の階段は四つの宝で、池や楼閣は七つの宝でできています。でも、正直なところ、どう思われました？　ダイヤやルビー、サファイアはないのかと。銀ではなく、プラチナの方がいいのではないかと、思いませんでした？　私自身がそうでした。極楽と聞いていたけれど、大したことないなと思いました。お恥ずかしながら、高いか安いか、価値があるかないかを量り、そして比べていたんです。

そう、ここは極楽です。「もののありのままのすがた」の世界です。金は金、銀は銀です。金と銀には、優劣はありません。はい、優劣はありませんよ。確かに、金と銀ではグラム当たりの買取価格は現在、一六〇倍以上の差があります。それは、私たちが判断した価値基準です。「もののありのままのすがた」は、金は金、銀は銀です。

それを表しているのが、大きな蓮華です。青い蓮華は青く光り、黄色い蓮華は黄色く光り、赤い蓮華は赤く光り、白い蓮華は白く光る。『阿弥陀経』では、「青色青光《しょうしきしょうこう》、黄色黄光《おうしきおうこう》、赤色赤光《しゃくしきしゃくこう》、白色白光《びゃくしきびゃくこう》」と、説かれているところです。当たり前のことですよね、青い花が青く光るのは。けれども、これが自分のこととなると違うのです。仮に私が青い花だとしましょう。隣を見て、黄色い花が目に入ると、黄色になりたい、赤もいいな、やっぱり白く輝きたいと、思うのです。あら、オブラートに包みすぎてわかりにくかったです？

ハッキリ申しますね。譬えるならば、黄色はお金、赤は健康、白は社会的地位と言い換えたらどうでしょうか。お金がないと、私は光れない。健康でないと、私は自分の人生を生き切ったと言えない。やっぱり、社会的地位を得ないと、私の人生は空しいものだ。どうでしょうか？

青い花は、すでに青く輝いているのに、です。それぞれが、それぞれの色で輝いているのに、自分の価値観で量り、比べ、そして、悲しくなったり、苦しんだり……」

「そんな自分の思いから解放された世界が、この極楽……」

こぼれ落ちるように出た自分の声に、ハッとさせられた。英月さんが私の目を見てほほ笑んだが、誰かが何かを言ったらしい。

「そうですね、だから舎利弗に三十六回も呼び掛けられたんです」と言いながら、横を向いて言葉を続けた。

「量り、比べることの痛ましさ……。すでに青い花は青く光っているのに、黄色く光りたい、赤く光りたい、白く光りたいと思い、できないと悲しみ、怒る。痛ましいですよね。だって、青い花のいのちを生きていないんですから。

あなたは、あなた自身のいのちを、誰とも代わることができない、そのいのちを生きてくださいと、呼びかけられているんです。でも、そうは言ってもと、すぐに自分の価値観や都合といった思いに、引っ張られてしまう。だから、呼び続けておられるんです。」

「この私に、ですね」と、今度は少し大きな声を出すと、彼女はこちらを振り返り、
「そうです、他でもない、この私に呼び掛け続けておられるんです」と言って頷いた。

2　供養のひと時

自由行動は、池の階段に腰をかけて、ぼんやりと過ごすことにした。歩き回って迷子になり、帰れなくなるのも嫌だった。いや、いっそのこと迷子になったことにして、ここに留まろうかとの考えも浮かんだ。しかし、長い添乗員生活で、ツアーの途中に帰りたくないと言い出し、そのまま失踪した客がいたことを思い出して止めた。あれは他の参加者に迷惑がかかっただけでなく、海外だったこともあり手続きが大変だった。あんな思いを、英月さんにさせるわけにはいかない。

しかもここは海外ではなく極楽だ。失踪者が出たら、どんな煩雑な手続きになることか。いや、そもそも極楽にいたいがために迷子になったことにするなど、詐欺みたいなものだ。見つかれば、地獄に送られるかもしれない。背筋が寒くなり、ブルッと

身震いがおこった。亡くなった祖母が、嘘をついたら閻魔さまに舌を抜かれると言っていたことが思い出されたのだ。

今まで地獄などないと思っていた。だから大の大人が地獄に怯えるというのも滑稽だと思っていたが、こうして実際に極楽に来ていることを考えると、うかうかもしていられない。幸いにも警察のお世話になったことはないが、だからといって地獄行きが免除されることもないだろう。気になるのは、どう考えても足りないことだ。計算するまでもなく、舌が足りない。嘘の数と舌の数が比例するなら百ダースでも足りないが、そうなると抜く方も大変だ。いや、そんなことはどうでもいい。

しかし、今になってわかる。海外旅行先から帰りたくないと言い出し、失踪した人の気持ちが。できることなら、ここにいたい。ここなら素直な自分でいられるだけでなく、心穏やかだ。こんな落ち着いた気持ちでいられるのは、いつ以来だろう。

とはいっても、ここに来て、まだ誰とも会っていない。ここに生まれた人たちの暮らしは、どうなのだろう?

◇

足元にはハックドクスイの清らかな水がある。池の底の黄金の砂の輝きと、池や階段、楼閣の宝石、そして羅網だと英月さんが言っていた天を覆う宝石の網。それらに当たる日の光が、水面に反射し、キラキラと輝いている。その輝きに運ばれるようにただよう、蓮華の香りの心地よいこと。甘すぎず爽やかで、重すぎず、そして軽すぎもしない。落ち着く香りだが、眠りに誘うようなこともない。かといって、目を覚まさせるようなものでもない。

その香りと共に、天からは音楽が響いている。あぁ、なんて心地のいい調べだ。ここに来た時から聴こえていたが、どうやら常に奏でられているらしい。誰かが質問をしたのだろう、英月さんがそう答えていた。

又舎利弗、彼仏国土、
常作天楽。

あれ？　池に降りる階段に腰をかけていたおかげで、目線の位置に地面があるが……。これは、もしかして……。なんと！　地面が、大地が、黄金だ！　ちょっと待て。どういうことだ？　この国の大地は、土や砂、石やコンクリートの代わりに、すべて黄金だということか？　凄い！　いや、ちょっと待て。落ち着け、自分。そうなると……。

黄金為地。

黄金の価値がなくならないか？　もしかすると、黄金にあふれたこの極楽では、コンクリートの方が価値があるかもしれない。あぁ、そういうことか！　これが「もののありのままのすがた」の世界か。黄金はコンクリートに比べて価値があると思うのは、私が量り、判断したことだ。しかし「もののありのままのすがた」の世界では、黄金には黄金の、コンクリートにはコンクリートの価値がある。当たり前のことだ。しかし、その当たり前のことが、「闇」に覆われて見えていなかったのだ。

『涅槃経』とかいうお経には、闇は世間だと説かれているらしいが、世間の価値観が、そしてそれが正しいと量った私の判断が、当たり前のことを見えなくさせていたのか……。そうか、そうだったかと、伸びをするように天を仰いだその時、一枚の白い蓮の花びらが顔の上に舞い落ちた。驚いて辺りを見回すと、はらはらと蓮の花が降っているではないか！　いや、降って〝いる〟のではない、私が気づいていなかっただけで、降り続けていたのだ。英月さんの声が聞こえる。この香り高い美しい華は「曼陀《まんだ》羅華《らけ》」といって、昼も夜も常に天から降っているらしい。

あぁ、なるほど。この降ってきた華は、他の仏さまたちにお供えするためのものなのか。え？　ここ、阿弥陀の国ではなく、他方の十万億の仏さまたちにお供えするため？「他方の十万億の仏さま」とは、聞いたような……。あぁ、そうか、お釈迦さ

昼夜六時、而雨曼陀羅華。

まが仰っていたな。誰かが質問をしたのだろう、英月さんの歌うような声が聞こえる。

「舎利弗よ、ここから西へ十万億の諸仏の国を過ぎたところに世界がある。名づけて極楽という。その国には仏がおいでになり、名づけて阿弥陀という。」

そうだ、そうだった、最初に耳にしていた。しかし、なぜ？　なぜ他方にいる仏さまたちにも、お供えするのだ？

◇

ふと気づくと、周りは夜になっていた。どれくらいの時が流れたのだろうか、長いような、一瞬だったような、次に気づいた時には既に夜明けだった。

清々しい静かな朝だった。そこには多くの人たちがいた。特筆すべきは、皆、華を盛る器を持っていることだった。器は「衣裓《えこく》」というらしい。恭《うやうや》しく顔の前面上方にささげ持たれた衣裓には、天から降った曼陀羅華が山と盛られ、清らかな香りが辺りにただよう。英月さんの声が聞こえる。

「おはようございます、皆さま。清々しい朝ですね。ご覧いただいておりますように、極楽にお生まれになった方々は毎朝、あのように仏さまにお華をお供えされます。

其国衆生、常以清旦、
各以衣裓、
盛衆妙華、

そうですか、私も同じようにしていると仰る方が多くおられます。ご自宅にお内仏、お仏壇ですね、お仏壇がある方でしょうか。それとも、お寺の方かもしれませんね。どちらにしても皆さんは、ご自宅やご自坊など、ご自身と関わりのある仏さまにお華を供えられる。

はい、そうですね。お仏飯を毎朝お供えしているという方も、多くおられますね。お華やお仏飯をお供えする「供養」は、敬う心から起こされます。はい、そうですね。ご発言いただき、ありがとうございます。教えに出遇うことができた喜び、感動、そして感謝の気持ち。それらも、もちろん大事なことです。その見えない気持ちを、見えるお華などに託してお供えをします。さぁ、皆さん、あの方々に注目をしてください。これから、お華をお供えに行かれます！」

英月さんが言い、曼陀羅華が山と盛られた衣裓を持った人たちがお供えに行ったかと思うと、空になった衣裓を持った人たちが、もう戻っていた。何なんだ？　他方の十万億の仏さまたちに供養すると聞いていたが、いくら何でも早すぎる。疑いたくはないが、本当にちゃんと供養してきたのだろうか？　そもそも、なぜ、他の仏さまたちにも供養するのだ？　別に悪いことではないが、何もわざわざと思ってしまう。

供養他方、十万億仏。
即以食時、還到本国、

「口に出さずとも、皆さんが仰りたいことはわかります。本当に供養に行ったのか？　そう、思っておられるのではないでしょうか。」

英月さんが、笑いながら話し始めた。

「いいんですよ、気になさらずに、正直に聞いてくださって。残念ながらという言い方もどうかと思いますが、皆さんの疑惑は、皆さんの思い込みです。あの方々は、他方十万億の仏さまたちに、ちゃーんと供養をして来られました。

短い時間で帰って来られたのには意味があります。順位付けがないということです。私たちの感覚ですと、もっと時間がかかりますよね？　時間がかかるというのは、他方の十万億の仏さまたちを供養し始めて、終わるまで、時間がかかるからです。何人かで分担したとしても、時間はかかります。当然、最初に供養する仏さまと、最後に供養される仏さまができます。もちろん、仏さまはそんなことを気にはされません。問題は仏さまではなく、供養する側です。こちらが、誰を先にするか、後にするかと、色々と量って順位付けをするのです。時間がかからないことは、何を表しているのか？　平等に供養するということを表しているのです。そう、量ることの無い、です。」

圧倒されてしまった。阿弥陀という仏さまの極楽は、ここまで「量ることが無い」が徹底されているのかと。では、この極楽を出て、わざわざ他方の十万億の仏さまたちを供養することには、どんな意味があるのだろうか。私は、挙げそうになった右手を下ろした。英月さんに尋ねるのもいいが、自分で考えてみたくなったからだ。

まず、供養に行った人たちから考えていこう。あの人たちは、この極楽の住人だ。つまり、阿弥陀という仏さまの教えに出遇い、教えに生きている人たちといっていいだろう。その人たちは、自分の国から出て、他の仏さまたちをわざわざ供養しに行っている。

では、私はどうだ？　当然のことだが、私はここの住人ではない。胸を張って言うことではないが、阿弥陀という仏さまの教えにも遇っていない。ただ、今回このツアーに参加して、その存在については、ぼんやりとではあるが、知り始めている。

そんな私が華を供えるのは、実家の仏壇だけだ。いや、他にもあった。学生時代を過ごした京都で、当時心酔していた坂本龍馬のお墓に華を供えたことがあった。京都霊山護國神社内にある霊山墓地には、坂本龍馬と並んで中岡慎太郎のお墓もあり、一緒にお参りをした友人は中岡慎太郎のファンだったから、慎太郎に餅を供えていた。

私は私で、当然のように龍馬の華しか用意していなかった。つまり私がする供養は、「量る」供養だということになる。自分にとって関係のある実家の仏壇だけ、自分が好きな坂本龍馬だけ、ということだ。今から思えば、中岡慎太郎にも華を供えればよかったと思う。龍馬の盟友で、近江屋で一緒に襲われたというのに。

では、極楽の住人たちはどうだろう。彼らは私と違い、「量ることが無い」世界にいる。だから分け隔てなく、わざわざ他方十万億の仏さまたちまで供養するのだろう。その考えは、間違いではないと思う。しかし、何かしっくりこない。決まりだからそうしているようで、大事な何かが欠けている気がする。何が欠けているのだろう……。

極楽の住人と、私の違いは確認した。では、このツアーに参加する前の私と、今の私の違いは何だ？　阿弥陀という仏さまのはたらきをまったく知らなかった私と、知り始めた私の違いだ。それは、中岡慎太郎に華は供えなくて当然だと思っていた私と、なぜ供えなかったのかと思った私の違い。つまり、自分が好きな人だけではなく、その人に関係のあった人までをも含むようになった。盟友である中岡慎太郎がいたからこその、坂本龍馬だからだ。当たり前といえば、当たり前だ。

あぁ、そうか、そうなのか。いや、きっと、そうだ。「量ることが無い」世界を知るとは、関係があるとか、好きだとかいった、自分を基準にした量った範囲を支えている、量ることの無い存在を知らされるということだ。私が、坂本龍馬を支えていた中岡慎太郎の存在に気づかされたように、実は、多くの人たちが龍馬を支えていたのだ。それは、敵や味方を超えてだ。意見や主義主張が異なる敵がいたからこそ、あの坂本龍馬が生まれたともいえる。敵や味方に分かれたのは、その時々の縁にすぎない。つまり、本当の意味で「量ることが無い」世界を知るとは、すべての存在の尊さを知るということに違いない。

あぁ、そうだ。青い蓮華は青く光り、黄色い蓮華は黄色く光り、赤い蓮華は赤く光り、白い蓮華は白い光を放っている。今、目の前にあるこの姿が、まさにそうだ。すべてが光輝き、すべてが尊い。なるほど、そうだ、他方十万億の仏さまたちまで供養するのは、当たり前のことだったのだ。

私たちはすぐ線を引きたがる。関係があるかないか、好きか嫌いか、得か損か、正しいか間違っているか……。二項対立で物事をとらえるが、そもそも二項対立が出来るのは二つあるからであって、一つではできない。得したということがわかるのは、損を知っているからである。得しか存在しなければ、それはもはや得ではないからだ。

得が存在できるのは損が存在しているからで、その反対もしかり。片方だけでは、存在はできない。繋がっているのだ。

なぜ、わざわざ他方十万億の仏さまたちまで供養をするのだと思った私は、今、自分がいる極楽の阿弥陀さまとの間に線を引いていたのだ。だから、関係ないと思った。しかし、そうではない。線はないのだ。阿弥陀という仏さまが尊いのであれば、当然、他方十万億の仏さまたちも尊い。阿弥陀さまにお供えをするのなら、他方十万億の仏さまたちにもお供えをする。あぁ、そうなのか。坂本龍馬は仏さまではないが、学生時代、中岡慎太郎が好きだった友人とよく言い合ったものだ。どちらが功績があったか、どちらが日本史に重要な人物か。仏さまも同じだった。近所に〝お薬師さん〟のお寺があるという理由で、毎月八日の縁日には欠かさずお参りをしていた祖母は、薬師如来が一番の仏さまだと言っていた。病弱だった祖母にとって、病を治すといわれていることが心強かったのだろう。そんな祖母を悪くいうつもりはないが、仏さまに対しても、順位をつけていたことになる。

しかし、阿弥陀さまの「量ることが無い」世界に出遇うことで、阿弥陀さまだけを敬うのではなく、周りの存在をも敬うべきものに変えられていく。それは「量ることの無い」世界だからという理由で、決まりだからそうしているのではなく、敬うという思いが自分の中で自然に起こされるからだ。中岡慎太郎にも華を供えればよかったという、当時の自分からは考えられないような気持ちが起こされたように……。

と、もっともらしい言葉を並べ続けたが、シンプルで当たり前のことだ。龍馬が青い華なら、盟友の慎太郎は黄色い華、主義主張の違う人たちは、赤や白い華だったのだ。それぞれが光り、それぞれが尊い。阿弥陀さまだけでなく、他方十万億の仏さまも尊い。その他方の仏さまにもお供えに行く姿、それは阿弥陀という仏さまの教えに出遇い、教えに生きている人たちの姿なのだ。

◇

そうか、そうか、そうだったのか。決まりだからしているのではなく、そのような気持ちが起こされるのか。ここに生まれた人たちの暮らしは、どうなのだろう？　と思っていたが、何をしているといった表面上のことではなく、その行為を起こさせる根っこのようなものに触れられたのはよかった。

じっと見ているのも失礼な気がするが、お供えから帰って来た人々は食事をし、そ

舎利弗、極楽国土、
成就如是、功徳荘厳。

れが終わると、黄金の大地を踏みながら、今、私がいる七つの宝で出来た池の周りや、四つの宝で出来た並木の間を、まるで散歩をするように歩いている。これが、阿弥陀さまの極楽に生まれた人たちの暮らしなのか。

「皆さま、自由時間、楽しんでおられますか？」

英月さんの明るい声が聞こえたが、「ここで残念なお知らせがございます」と続き、何かあったのかとドキッとする。

「何人かの方々、かなり多くの方々に、ご質問をいただきました。阿弥陀さまの極楽での暮らしについてでございます。ご覧いただいておりますように、ここでの暮らしは、朝一番にお供えに出掛け、帰ってきて食事、そしてその後は散歩です。散歩と申しましたが、正式には「経行《きょうぎょう》」といい、本来は坐禅をして眠くなった時などに、運動のため一定のところを行き来することですが、その経行を行います。

残念なお知らせと申しますのは、これだけだということです。多くの方々が、極楽は美しいところで、かぐわしい香りが常にただよい、心地よい音楽が流れていると想像して来られました。ご覧ください。私が自慢することではないですが、この極楽、皆さまの想像以上だと自負しております。今も空から、曼陀羅華が降っております。

しかし、です。二十四時間いつでも食べたい時に、ご馳走が振る舞われる。なんなら、お酒も飲み放題。あんなことも、こんなことも、楽しいことが出来ちゃう。そう思っておられた方々が、少なからずおられました。申し訳ございませんが、その方々のご期待には添えないのです。そういった方々の願い……、ぶっちゃけ欲望ですね。阿弥陀さまの極楽は、自分の欲望を叶えてくれる場所ではないのです。

では、どんな場所か？　それは最初に、お釈迦さまがハッキリと説いておられました。覚えていらっしゃいますでしょうか？「今現在説法」です。そうです、「如」から来られた阿弥陀さまが、量ることの無い世界、比べることのないいのちの世界を、今も現に説法してくださっている。そのお説法を、いつでも聞くことができるのが、この阿弥陀さまの極楽です。

「えぇ～」と、悲鳴のような声が聞こえましたが、残念ながらそれが極楽です。ここでの生活は、阿弥陀さまの説法を聞き、その教えを拠り所として、そうです、自分の都合を中心としてではなく、教えを中心として生きる。それが、ここでの生活です。

自分の都合を中心としないことなど出来るのか？　ですか。素晴らしいご質問をありがとうございます。ムリです。私たちには出来ません。阿弥陀さまの極楽でさえ、自分が想像していたものと違うと、そんな極楽は嫌だと思う。仏さまの世界でさえ、自分の都合で、量り、比べている私たちです。そんな私たちが、自分の意思で努力をしても、教えを中心に生きることなど出来ません。ただ、教えを中心に生きる世界があると知らされること。

それは同時に、今まで問題とも思わなかった、自分の都合を中心にしているという事実を知らされることでもあります。そしてそれが、悲しみ、苦しみの原因だったとも気づかされる……。「もののありのままのすがた」である「如」に出遇い、「もののありのままのすがた」を見ることのできない自分を知らされるのです。あぁ、自分の都合で量っていたな、比べていたな。それによって、悲しみ、苦しんでいたなと気づかされる。でもまたすぐに、自分でも気づかない内に、量り比べてしまっている。

「如」に一度出遇ったから大丈夫♬じゃないんです。出遇い続けなければ、すぐに自分の都合を中心にしてしまう。極楽で、阿弥陀さまの説法を聞き続けることが出来るということは、「如」に触れ続けることが出来るということです。

護られる？　ですか。そうですね。つい自分の都合を中心にしてしまう、この弱い私を、阿弥陀さまが護ってくださっているんですね。そうして護られながら、教えを中心にして生きる。それがここ、阿弥陀さまの極楽に生まれた人たちに成り立つことです。」

◇

あぁ、風が心地いい。その風に、英月さんのころころとした笑い声が運ばれてくる。誰か、面白いことでも言ったのだろう。

「思わず笑ってしまいました、ごめんなさい。ある方が今、こう仰ったんです。五十年以上もお寺にせっせとお参りして説法を聞いてきた。まさか極楽に行ってまでも、聞かされるとは思わなかったと。がっかりさせてしまって、ごめんなさい。では、どんな極楽だったら、満足されますか？」

冷や水を浴びせられたかと思った。自分への問いかけではなかったが、まるで自分へのようでハッとさせられた。

正直なところ、想像していた極楽とは違っていたからだ。漠然とだが、もっとわくわく楽しいところだと思っていた。だからといって、大きな落胆はなかった。極楽に対して過度な期待も、思い入れもなかったからだ。そもそも、添乗員としての仕事にプラスになるのではと、興味本位で参加したにすぎない。

しかし、実際にこの極楽に来て、この黄金の大地に立ち、この場の空気に触れている今、震えるほどの感動を覚えている。英月さんの話も頷くことばかりだ。阿弥陀さまの極楽とは、そういう場所だったのかと納得もしている。話の筋が通っているから、納得せずにはおられない。

しかし、だ。感動はする、理解をし、納得もしている。しかし、喜べないのだ。では私は、どんな極楽だったら喜び、そして満足するのだろう。

3　生きとし生けるものへの願い

ハックドクスイの清らかな水面に目を落とし、ぼんやりと考える。何が自分を満足させ、何が自分を幸せにするのかと。

ツアーの添乗で訪れた中国で、現地ガイドが言っていた言葉がふと思い出される。彼曰く、中国人男性の夢はアメリカの家に住み、日本人の奥さんがいて、中華料理を食べることだと。それを聞いたのは二十年近く前のことだから、今は違うだろう。もしかしたら、日本人へのリップサービスだったのかも知れない。仮にそうだったとしても、彼にとっての幸せは「衣食住」の食と住、それとパートナーということになる。

例えば、衣食住全てが満たされ、パートナーにも恵まれたとしよう。それは確かに幸せなことだ。しかし、その幸せは永遠ではない。自分が離婚したからそう思うのかもしれないが、愛が憎しみに変わることだってあるのだ。しかも、簡単に。何もパートナーだけではない、衣食住もそうだ。服の好みも変わるし、食だって変わる。子どもの頃には食べられなかったものが、大人になると好きになることもあるし、その逆もある。住まいの好みも言うに及ばず、家族構成によって簡単に変わってしまう。そう考えると、幸せのなんと不安定なことよ。置かれている状況や、年齢、そして気分で、ころころと変わっていく。おまけに、これさえあれば幸せだと思っていたことが、自分を苦しめることにもなるのだ。あぁ、また離婚のことを思い出してしまった。

お互いの関係が良かった頃は、運命の人に出会えたことを喜び、神仏にまでも感謝した。幸せだった、こんな幸せがあるのかとさえ思った。しかし、永遠ではなかった。関係が悪くなってからは、出会ってしまったことが悲しみになり、苦しみになり、後悔し、そして神仏を呪った。はぁ。ため息が出る。しかしあらためて、幸せというのは、その時々の自分の都合が基準になっているのだと、知らされた思いがする。あれ？　ちょっと待て。さっき英月さんが「阿弥陀さまの極楽は、自分の欲望を叶えてくれる場所ではない」と言っていたのは、このことだったのかもしれない。

自分の思い描いた幸せな世界が極楽なら、それは簡単に地獄に変えられてしまう。あぁ、また思い出してしまった。結婚当初、駆けるような思いで帰った自宅は、自分にとって極楽のような場所だった。それがいつしか、針の筵《むしろ》のようになり、地獄になった。つまり、本当の意味での極楽ではなかったのだ。そして今、自分は本当の極楽にいる。なのに、喜べない。

◇

ハックドクスイの水面が揺れたように見えたのは、天を覆う羅網の光を受けたからではない。自分の涙が水面を揺らしていたのだ。それに気づくと同時に、公共の場で泣いている自分に驚いた。極楽を公共の場といっていいのかわからないが、少なくとも私の家ではない。添乗員生活三十年、自分の感情をコントロールできずに泣くなど、ただの一度もなかったことだ。しかし、涙を流すなど何年ぶりだ？　そもそも、なぜ泣いているのだ？　涙の理由を考えるが、考えるまでもない。空しいのだ。

　極楽だと思った幸せな世界は、地獄に変えられ、離婚という結果を生んだ。そして、正真正銘、本物の極楽にいる今、感動することはできても喜ぶ心が起きない。その事実が、居場所を失ったような空しさと、何を目指して生きればいいのかと、人生の方向性を失ったような空しさを感じさせたのだ。

　しかし皮肉なものだ。自分が思い描いた幸せな世界は、言葉は悪いが偽物の極楽で、簡単に地獄に変わってしまう。では、本当の極楽はどうかというと、素直に喜べない。幸せを感じられないのだ。不安定な幸せであっても、曲がりなりにも幸せを感じることができる偽物の極楽か、幸せを感じることができない本当の極楽か。はぁと、ため息がこぼれるが、どちらかを選ぶような話ではない。

　蓮華の香りに促されるように顔をあげると、輝く羅網に覆われた、極楽の花々や建物の姿が目に飛び込んできた。天からは曼陀羅華と呼ばれる華が降り、音楽も奏でられている。あぁ、なんと清らかで美しい。今度はため息ではない、感嘆の声がもれる。

　これが「もののありのままのすがた」の世界か。英月さんは、この世界に触れることで気づかされる、知らされることがあるのではないかと言っていたが、素晴らしい世界だ。何より、心穏やかに、素直な自分でいられることが驚きだ。そして、それがとても心地よく、嬉しい。嬉しいが、この極楽に満足しているかといえば、正直わからない。自分自身、この極楽に幸せを感じられないのは、おかしいのではないかとさえ思う。確かに、今回のツアーに参加できたことはラッキーであり幸せなことだが、極楽として喜べないのも正直な気持ちだ。

しかし、そんなことは、どうでもいいのかもしれない。喜べるとか、喜べないとか、幸せだとか、幸せを感じることができないとか、量っているのは自分。そう、基準は自分の気持ちであり、感覚だ。しかし、その自分のアテにならないことよ。一生を共に過ごし、愛すると誓った相手でさえ、憎んでしまうように。あぁ、そうか、そうなのか。「もののありのままのすがた」の世界であり、量ることの無い世界である阿弥陀さまの極楽は、「幸せにならなければならない」という自分の思いからも、解放された世界なのだ！

◇

「どんな極楽だったら、満足されますか？　なんて、お聞きしましたが、阿弥陀さまの極楽、堪能していただいておりますでしょうか。

　さて、今回のツアーのハイライトの一つ、様々な珍しい鳥が登場します。登場しますと言いましたが、この極楽に常にいる鳥たちです。はい、そうです、鳥です。そうですね、鳥は畜生に分類されます。その畜生がなぜ極楽にいるか、ですか。核心を突くご質問、ありがとうございます。今、キョトンとしたお顔をされている方々もおられますので、ちょっと説明をさせてください。

　一般的に、死後に行くとされている世界に、三悪趣《さんあくしゅ》、または三悪道《さんあくどう》といわれるものがあります。三は、地獄・餓鬼・畜生のことですが、果たして死んでから行くところでしょうか。残念ながら、そんな悠長なところではありません。生きている今が、地獄になっていませんか？　傷つけ、殺し合う世界が地獄です。そうですね、仰るとおり、今も世界のどこかで戦争が起こっていますが、それだけでしょうか？」

　地獄に送られて、舌を抜かれたらどうしようかと心配していた自分が滑稽に思えてきた。地獄に行くことを心配していたが、自分は既に地獄にいたのだ。パートナーとの関係が悪くなったとき、相手をなじり、言葉で追い詰めた。裏切られ、傷つけられ

復次舎利弗、彼国常有、種種奇妙、雑色之鳥。

た被害者だから、相手を傷つけてもいいと自分を正当化した。暴力こそ振るわなかったが、相手の不幸を願った。死ねばいいとさえ思った。あれが地獄だったのだ。

「次の餓鬼は貪りの世界です。はい、クソガキのガキです。貪って食べる様子を、ガキのように食べると言いますが、貪るようなことをした人、嫉妬深い人たちが、死後に行くところとされています。そうですね、餓鬼も地獄と同じで、果たして、死後に行くところでしょうか。」

はぁ、地獄の次は餓鬼か。食には淡泊で、貪り食べるようなことはないが、ここでいわれているのは、食べても満たされることがない、満足を知ることのない姿のことであろう。つまり、今の自分だ。

「行きたいと思ったときに来てくれるのが阿弥陀の国！」というふざけたキャッチコピーに釣られ、興味本位でツアーに申し込んだ。添乗員としての仕事にプラスになるのではないかとの下心もあった。しかし、その根底には別の思いがあった。「ここではないどこか」を探していたのだ。辛い現実を離れ……、否、現実はそう悪くはなかった。離婚は過去の話になり、大手ではないが旅行会社で役職につき、仕事も充実し、生活にゆとりもある。大学時代の仲間の中では出世頭といってもいいだろう。満たされていると思う。頭ではそう思うが、何かが足りないのだ。

負け惜しみではないが、家族とか、愛とか、そういったものではない。否、仮にそうだったとしよう。そして、それらを手に入れたとしよう。すると、失う不安と共に、もっともっととの思いがわきあがってくる。極楽に対しても同じだ。感動し、素晴らしいところだと頭では思うが、もっといいところがあるのでは？と思う自分がいる。はぁ、自分はクソガキだ。

「もっともっとと思う気持ちは、誰にでも起こるものです。それが悪いのではありません。ただ、もっともっとと貪ること、そして、次から次へと溢れ出るそんな欲望を満たすことが、生きる意味なのでしょうか。本当に、自分のいのちを生きたといえるのでしょうか。」

極楽で奏でられている音楽に、英月さんの優しい声が歌詞のように重なって耳に運ばれてくる。

あぁ、そうか、そうだったのか。居場所を失ったような空しさ、そして人生の方向性を失ったような空しさだと思っていたが、その正体はこれだったのだ。それは、自分のいのちを生きていないという空しさだ。

「さて、最後が畜生です。先ほど、鳥は畜生だと仰った方がおられましたが、ここでは人間以外の生き物を意味します。つまり、人間中心の世の中ではそれ以外の生き物が差別されているように、人間同士であっても姿形、能力、資質などの違いによって差別をしている世界が、畜生の世界です。

また、〝家畜〟という言葉があるように、自立することのできないものとも受け取れます。自分より力のあるものに依存して生きることで、依存したものに使われ、自立することができない、これが畜生です。そうですね、これも死んでから行くというよりは、私たちが生きている日常にあることですね。確かに何かに依存して生きるのは、当たり前のことかもしれません。」

なるほど。ということは、畜生で表される本来の意味とは異なるが、自立できない人生とは、自分のいのちを生きていない空しさと重なるのではないか。

つまり地獄・餓鬼・畜生の三悪趣、または三悪道といわれるものが表しているのは、死後、こんな酷いところに行きますよということではなく、今、あなたはあなたのいのちを生きていますか？　そのままでいいのですか？　という呼び掛けではないのか？

◇

「このような三悪趣、または三悪道を離れたい。このような痛ましいあり方から離れたいと願う……。今、頷いておられる方たちが多くおられますが、そうですよね、傷つけ合うことから離れたい、そして心穏やかに暮らしたい、誰もが願うことだと思います。しかし現実は、どうでしょうか。

例えば鳥です。はい、畜生といわれる鳥ですが、ツバメやシジュウカラなど、害虫を食べる鳥は益鳥とされ、農作物などに有害な鳥は害鳥とされます。はい、仰るとおり、人間のエゴによる差別です。ちなみにスズメなどは、春は益鳥ですが、秋になると稲の害鳥とされます。はい、そうですね、エゴの極みかもしれません。

では、人間が悪いのかといえば、そうとも言い切れないと思います。よかれと思って、私たちが心穏やかに暮らせるため、ちゃんとごはんが食べられるため、益鳥は大事にし、害鳥は駆除しているのです。そうですね、そうして差別するだけじゃなく、鳥を食べていますからね。鳥だけでなく色々な生き物、野菜や果物、穀物も同じですが、それらのいのちを奪っているのが〝地獄〟で、差別するのが〝畜生〟。そしてそれをよしとして、もっともっととなっている〝餓鬼〟。まさに私たちの日常の現実が、三悪趣であり三悪道です。

そうですね、それが生きるということなのかもしれません。悲しい、ですか。そうですね、他者のいのちをいただきながらでしか、私たちはいのちを長らえることができないのですから。なのに、悲しい、痛ましいことだと知りながら、そのようなことから離れたいと願いながら、できない。なぜでしょうか？　先ほど〝エゴ〟と仰った方がおられましたが、自我です、自己中心的な考え方である〝エゴ〟が、自分と自分以外を分けるのです。」

目の前に咲く、車輪のように大きな蓮華が、青い蓮華は青く光り、黄色い蓮華は黄色く光り、赤い蓮華は赤く光り、白い蓮華は白く光っている。それは「ありのままの世界」で、当たり前の光景だが、これが現実ではどうなるかと考える。

自分と違う色の人、それは見かけに限らず、考え方や立場の違う人という意味も含んでいるが、その人たちを敵と見なすことがある。すると排除したいという思いがわきあがってくる。言葉にすると酷いことのように自分でも思うが、仮に自分が青い華なら、赤い華を引っこ抜くようなことだ。それも、酷いことだが。そういえば子どもの頃、お手伝いしようと庭の雑草を抜いた。いい子だと褒められたが、今になって気づかされた。

そもそも雑草という名の草はないのだ。両親が買ってきた草花と、それ以外を分け、排除していたのだ。英月さんが言ったように、自己中心的な考えが自分と自分以外を分けていたのだ。そして、排除したことにより、両親に褒められた。年を重ねるにつれ、排除をするかしないか、つまり自分にとって、また会社にとって、益があるかないかを瞬時に判断し決断できることが有能であるとされた。自分は有能だった。会社で評価され、役職に就いた。輝かしいというほどでもないが、そこそこ輝かしい自分の業績は、排除し、差別した結果だということになる。では、排除しない人間になれるかというと、これは難しい。

◇

「さて、今、私たちがいますのは、お釈迦さまが説かれたお経さん『阿弥陀経』の中ですが、それとは別に『無量寿経』というお経さんがあります。そのお経さんでは、阿弥陀さまという仏さまが、法蔵比丘という修行僧であった時、生きとし生けるすべてのものを救うという願いを起こされ、四十八個もの願を立てられたと説かれています。はいそうです、四十八願といわれるものです。粗々とした言い方になってしまいますが、「○○だったら自分は仏さまになりません！」といったものです。

そうですね、願掛けみたいなものです。その後、法蔵比丘は阿弥陀という仏さまになられました。そうです、仏さまになられたということは、それら四十八個の願が成就したということです。その四十八個の中の一番目に、この三悪趣、三悪道が登場します。

はい、それはこんな願です。「設我得仏《せつがとくぶつ》、国有地獄餓鬼畜生者《こくうじごくがきちくしょうしゃ》、不取正覚《ふしゅしょうがく》」。「たとい我、仏を得んに、国に地獄・餓鬼・畜生あらば、正覚を取らじ」。これは、「もし私が仏になるなら、私の国に地獄・餓鬼・畜生があるかぎり、さとることをしません」という意味です。

そして、これが成就したのが、阿弥陀さまの極楽です。なので、今、私たちがいる、この極楽には地獄・餓鬼・畜生はいません。では、これから登場するという鳥は何なのか。畜生ではないのか？　と、先ほどのご質問に繋がるのです。」

なるほど、そういうことか。誰かが、畜生に分類される鳥が、なぜ極楽にいるのかと質問したそうだが、言われてみれば確かにそうだ。

しかし今、自分がいる阿弥陀という仏さまの極楽。この極楽という国の、建国の歴史を知れたことは興味深かった。例えば、日本の建国は日本神話に遡ることができる。建国記念の日は二月十一日だが、この日は初代天皇である神武天皇が即位した日だと『日本書紀』に記されている。ちなみに記されているのは「辛酉年春正月」、旧暦の一月一日だが、これをグレゴリオ暦に改めたものが二月十一日だ。また、イギリスに統治されていたアメリカにとっては、イギリスからの独立が建国にあたるといえるだろう。独立宣言が公布された七月四日は独立記念日として、今も全米各地で盛大に祝われている。つまり国と一口に言っても、建国の歴史や成り立ちは違うのである。

では、この阿弥陀さまの極楽はどうか？　この国は法蔵比丘が起こした四十八個の願によって始まり、その成就によって成立している。とわかったようなことを言ったが、自分が知っているのは一番目だけだ。私の国に地獄・餓鬼・畜生があるなら、私は仏にならない。確か、そういった内容だ。

離れたいと思いながら、自我により離れることができない、三悪趣であり三悪道。それが、ありませんようにと願われているのが、この国だ。つまり、他人を排除することは痛ましいことだと知りながら、排除してしまっている自分。どうすることもできない自分。そんな自分を、なんとかしたいと願ってくださったのではないか。

いや、そうに違いない。英月さんが「生きとし生けるすべてのものを救うという願いを起こされた」と言っていたではないか。痛ましいことだと知りながら、離れたいと願いながら、そこを超えることができない、そんなこの自分も「生きとし生けるすべてのもの」の中に含まれているはずだ。

ということは、四十八個の願というのは、自分たちの願いに限りなく寄り添っているということになる。しかも、ここでいう自分たちの願いというものは、欲望と言い換えられるような願いではなく、根源的な願いだ。

自分でも気づいていなかった、自分からは出てこないような願い。譬えるならそれは、他者を排除したくない、といったような願いだ。

◇

「『阿弥陀経』に説かれている順に忠実にツアーを進めるなら、ここで様々な鳥が出てきます。しかし、ちょっとお経さんを先に進めて、なぜ畜生である鳥が極楽にいる

白鵠孔雀、鸚鵡舎利、
迦陵頻伽、共命之鳥。

かについて、お話しさせていただきたいと思います。はい、お経さんに、ちゃんと説かれています。そうですよね、気になりますよね。ちょっと、びっくりするようなことが説かれています。」

英月さんがそう言い終わるとすぐに、お説法をされているお釈迦さまの姿が浮かび上がるように現れた。まるで、プロジェクションマッピングではないか！

「舎利弗、汝《なんじ》、この鳥は実にこれ罪報《ざいほう》の所生《しょしょう》なりと謂《おも》うことなかれ。所以《ゆえ》は何《いか》ん。かの仏国土《ぶっこくど》には三悪趣なければなり。舎利弗、その仏国土には、なお三悪道の名なし。何《いか》にいわんや実にこのもろもろの衆鳥《しゅちょう》あらんや。みなこれ阿弥陀仏、法音をして宣《せん》流《る》せしめんと欲《ほっ》して、変化《へんげ》して作《な》したまうところなり。」

そう説き終わると、お釈迦さまのお姿は光の中に溶けるように消えていった。一瞬の静寂の後、英月さんの興奮した声が聞こえてきた。

「皆さん、聞かれました？　阿弥陀さまの国土、つまり、この極楽のことですが、ここには三悪趣が存在しないだけでなく、三悪道という名前すらないとお釈迦さまが説

是諸衆鳥、昼夜六時、出和雅音。其音演暢、五根五力、七菩提分、八聖道分、如是等法。其土衆生、聞是音已、皆悉念仏念法念僧。

舎利弗、汝勿謂此鳥、実是罪報所生。所以者何。彼仏国土、無三悪趣。舎利弗、其仏国土、尚無三悪道之名。何況有実。是諸衆鳥、皆是阿弥陀仏、欲令法音宣流、変化所作。

かれたの、聞かれました？」

確かにその部分は聞き取れた。仏教に馴染みのない自分などはどうしても、言語明瞭でも意味不明瞭感がぬぐえない。

「そうですね、仰るとおりです。甚だ僭越ではございますが、大事なところでございますので、お釈迦さまのお説法のお言葉を私はどう受けとめたかと、簡単にではございますが、お話しさせていただきたいと思います。」

よかった、言葉の意味がわからなかったのは、自分だけではなかったらしい。誰かが説明してくれと言ったようだ。姿は見えないが、この場所に大勢いるというツアー参加者たちをゆっくりと見回すようにしてから、英月さんは口を開いた。

「お釈迦さまは、舎利弗さんに呼び掛けられます。舎利弗よ、これらの鳥は、罪の報いによって畜生として生まれたと謂《おも》ってはなりません、と。

悪いことをしたら死んだ後に地獄に行く、畜生に生まれ変わるといったことがあります。だから鳥を見たら、罪の報いで鳥になったのだと考えるかもしれないが、そうではありませんよと、仰るのです。

その理由として、阿弥陀さまの極楽には三悪趣がないことを挙げられます。これは阿弥陀さまの極楽建国の要である四十八個の願、四十八願の一つ目の願文《がんもん》が根拠になっています。

そしてここで、重ねて舎利弗よと呼び掛け、阿弥陀さまの極楽には三悪道という名前さえないと、念を押すように仰います。諸々の鳥がいるが、これらの鳥はすべて阿弥陀さまが、法《おしえ》を説いて広めようと願われたものだと説かれます。なぜならその鳥の声を聞いた者は、仏さまの法を知らされ、仏を念じ、法を念じ、僧を念じる心が起こされるからだと説かれます。そのような心を起こさせる鳥は、阿弥陀さまの見えないはたらきが見えるものになったものなので、畜生ではない、というのが、先ほどのお釈迦さまのお説法の内容です。

はい、そうですね、鳥の声を聞いてなぜそうなるのか、ごもっともな質問だと思います。はい、そうですね。いい声ばかりではありませんからね。あらそうですか、カラスの被害に遭っているからゴミもおちおち出せない、声を聞くのも嫌だと。お気持ちお察しいたします。そうですよね、耳にいい声ばかりではありませんからね。おまけにカラスの被害など、まさに害鳥です。しかしそれは、私たちの世界でのこと。ここ極楽は、量ることのない世界です。ここでは、いのちに価値付けはなく、当然、益鳥も害鳥もありません。鳥はただ、いのちそのものを生きています。誤解しないでくださいね、これはカラスの被害に遭っている方たちを非難するという意味ではありません。ありがとうございます。今、私たちが生きているのは自己中心的な〝エゴ〟の世界だと仰られた方がいましたが、そのとおりです。

仏教では私たちが住む世界を「穢土《えど》」と言います。穢れた土です。酷い言い方ですよね、一生懸命に生きているのに。けれども、何に一生懸命でしょうか？　自分が好きなこと、得すること、そして正しいと思うことに一生懸命です。そして、自分と自分以外を分け、他者を排除する。自分より勝《まさ》った人を妬み、自分を卑下し、反対に自分が勝《まさ》ったと思えば他者を見下す。確かに、穢れています。そんな私たちは、鳥の声を聞いても、瞬時に好きか嫌いか、益鳥か害鳥かと判断をします。しかし阿弥陀さまの教えに出遇うことで、気づかされる、そんな自分の思いが破られることがあります。阿弥陀さまの見えないはたらきが、見えるものになった鳥を通して、量ることが無いという阿弥陀さまの教えに出遇う。鳥の声を通し、量り、あぁ、また量っていたと自分の姿を知らされるのです。」

なるほど、つまりここでいわれる極楽の鳥たちは、極楽の天を覆う羅網や、四宝の並木、七宝の池や、池の中の大きな蓮華と同じく、阿弥陀さまの教えが見える形となり、極楽を美しく飾っているということか。

そして、それら「もののありのままのすがた」を通して、ありのままに見ることができない自分の姿が浮かび上げられる……。自分が否定されたようにも感じるが、その実、そうではない。なぜなら阿弥陀という仏さまは、そんな自分を一切、否定しないからだ。それどころか、そんな自分を救おうと四十八個もの願を起こされたというではないか。まぁ、その内の一つしか知らないが、自分はあの一つで十分だ。自分の努力ではどうすることも出来ない、三悪趣や三悪道というものから、この自分を何とかしようと願ってくれたのだから。

「さぁ、説明はこれくらいにしましょうか。『阿弥陀経』で、極楽には「常に種種の奇妙雑色の鳥あり」と説かれている、その世界をご堪能いただきたいと思います！」

＊以下（）内は再掲。
（復次舎利弗、彼国常有、種種奇妙、雑色之鳥。）

◇

わぁ！　ちょっと待て、何なんだこの鳥たちは！　いや、そもそも鳥といっていいのか？　あれは人間ではないのか？　それに、恐竜みたいな鳥もいるぞ！　落ち着け、自分。落ち着け、よく見ると知っている鳥もいるではないか。
　あれは白鳥ではないか？　真っ白な鳥がいる。いや白鳥ではない、あれは鶴だ。孔《く》雀《じゃく》や鸚鵡《おうむ》もいる。なんと鮮やかなことよ。あれは何だ？　見たことのない鳥だが、美しい眼をしている。黒く輝く羽を持ち、驚くことにお釈迦さまの説法を暗誦しているではないか！

（白鵠孔雀、鸚鵡舎利、）

　あぁ、これがそうか！　英月さんが、しゃべる黒い鳥は舎利《しゃり》だと言っている。舎利弗さんのお母さまが、眼が舎利鳥に似ていることから舎利《サーリー》と名付けられたという、あの舎利鳥がこれか。確かに、お釈迦さまのお説法を聞いている舎利弗さんに目元が似ている。
　あぁ、しばらく息をすることも忘れていたようだ。敦煌莫高窟の壁画で見た迦陵《かりょう》頻伽《びんが》が、いや、敦煌まで行かなくてもいい、日本各地の寺院で目にするあの迦陵頻伽が、笙や琵琶を手に持ち、目の前を飛んでいる。あぁ、まるで極楽のようだ。いや、ここが極楽なのだ。

（迦陵頻伽、）

　『源氏物語』七帖にも、美しい声のたとえとして「仏の御迦陵頻伽の声ならむ」として書かれる迦陵頻伽は声だけでなく、ご覧のとおり、そのお姿も大変美しいです。

お顔や上半身は人間のような姿で、その他は鳥です。

はい、まさに舞楽の「迦陵頻」ですね。極楽から帰られたら、皆さんも是非、観に行ってください。正しくは「観に行く」ではなく、「お参り」ですね。大阪の四天王寺さんで毎年四月二十二日に行われる聖霊会舞楽法要で、天王寺楽所・雅亮会さんが舞を奉納されます。その時に「迦陵頻」も舞われます。今、皆さんが目にされている美しい羽が見事にデフォルメされています。と、話しておりますが、ほとんどの方のお耳には入っていないかもしれませんね。皆さん、うっとりとご覧になられているので。どうぞ、ご堪能くださいませ。

はい、何でしょうか。首がふたつある鳥ですか？　あれは、共命《ぐみょう》です。「共」の「命」という漢字で共命です」。

（共命之鳥。）

自分が恐竜だと思った鳥は、共命鳥というのか。身体が一つで、頭が二つ、あの不思議な姿の鳥は何を表しているのだろう。

「今はあのように穏やかにしている共命鳥ですが、その昔、悲しい出来事がありました。長い話を短くしますと、互いにケンカをし、その結果、憎み合うこととなったんです。原因は些細なことでした。自分の方が美しい、声も素晴らしいと、そんなことだったと思います。ある日、片方が、もう片方に毒の実を食べさせた。これで自分が一番になれる、憎い相手もいなくなる、と。するとどうなったか？　そうです、共に死にました。身体はひとつですから。置かれている立場、考え方や大事にしているものが違っても、そのいのちは繋がっているのです。そうですね、姿形、言葉や習慣が違っても、いのちは繋がっている。仰るとおりだと思います。「もののありのままのすがた」の世界ですね。」

ああ、坂本龍馬を支えていた中岡慎太郎の存在に気づかされたように、本当の意味で「量ることが無い」世界を知るとは、すべての存在の尊さを知るということに違いないと思ったことは、あながち間違いではなかったのだ。

共命鳥でいえば、片方が、もう片方の存在の尊さを知る。自分でいえば、もう片方は別れたパートナーともいえるし、田舎に住む両親ともいえる。仕事でいえば、片方はお客様でもあるし、部下であり上司である。もっと大きな視点に立てば、片方は自分以外といっていいのだろう。自分も相手も、それぞれに尊い。

ああ、「もののありのままのすがた」の事実の大きさに圧倒されてしまう。

◇

「皆さんにご覧いただいております、様々な鳥たち。美しい声として有名な迦陵頻伽だけでなく、様々な鳥たち、そのすべてが、それぞれに美しい声で鳴いています。それらの声は、「五根《ごこん》」・「五力《ごりき》」・「七菩提分《しちぼだいぶん》」・「八聖道分《はっしょうどうぶん》」といわれる仏さまの教えを伝えています。

(是諸衆鳥、昼夜六時、出和雅音。其音演暢、五根五力、七菩提分、八聖道分、如是等法。其土衆生、聞是音已、皆悉念仏念法念僧。)

そうです、先ほどお話ししたことと重なります。カラスの鳴き声を聞くと、ゴミを荒らされてしまうと条件反射で思う私たちですが、極楽の鳥たちの声を聞くと、例えば、共命鳥の声を聞けば、いのちは繋がっているという事実が思い出されます。そのように鳴き声を通して、仏さまの教えを知らされるのが、阿弥陀さまの極楽です。

二つも首のある鳥をご覧になられて、最初は奇妙に思われたことだと思います。食い入るようにご覧になっておられた方たちが、かなりおられました。けれども、共命鳥のお話をさせていただいた後です。その中の、何人かの方たちが、共命鳥に手を合わせておられました。あら、気になさらずに。手を合わせていない方たちはダメという風に聞こえたとしたら、ごめんなさいです。合わせる、合わせないは、それぞれのご縁の中でのことですから、お気になさらずに。

「弟子の準備ができた時に、師が現れる」という言葉があります。こちらの縁が整えば、教えを説いてくれているのだと共命鳥に自然と手が合わさりますが、縁が整っていなければ、ただの珍しい鳥です。これは良い悪いではなく、縁が整うか、整わないかだけのことです。そうして、この手が合わさるというのが、先ほどのお釈迦さまのお説法に登場した、「鳥の声を聞いた者は、仏さまの法を知らされ、仏を念じ、法を念じ、僧を念じる心が起こされる」ということなのです。」

なるほど。自分は弟子という自覚もなければ、なりたいという願望もない。おまけに、共命鳥にも手が合わさらなかった。しかし、このツアーを通して少しずつ、弟子としての準備が整えられているのかもしれない。いや、仮にそうだとしよう。すると、あの辛かった離婚騒動も、準備として整えられていたということになる。

正直なところ、弟子というものは、あの辛さと引き換えにしてまで、手に入れたいものではない。しかし、ここで言われているのは、そのような交換条件のことではないだろう。過去に起こった出来事の意味が変えられる、そういう意味ではないか。辛かった過去、この事実は変わらない。しかし、今の自分はどうだ？　少なくとも、あの過去がなければ、このツアーには参加していなかった。つまり、今の自分があるのは、あの辛い過去のおかげでもあるのだ。

そしてそれが「もののありのままのすがた」であり、「いのちのありのままのすがた」なのだろう。出会わなければよかった人など一人もおらず、無駄な過去もないのである。それを知らされるということが、ここ極楽で起こされるということなのだ。そして、そのような考えに至る自分になったということが、まさに「弟子の準備ができた」ということなのだろう。

しかし、弟子になりたいと望んでいないのに、気づいたら弟子になる準備がされていた。望んでいないのに、手に入れていた。ほんと、この阿弥陀さまの極楽というのは、不思議なところだ。

「今、とても大事なご質問をいただきました。「僧を念じる」とはお坊さんを念じるということか？　と、ご質問くださった方がおられましたが、これはお坊さん個人ではありません。仏道を共に学ぶ仲間のことを「サンガ」といって、「僧伽」と音写し、それがここでは「僧」として表されています。

仏・法・僧と三つが出てきましたが、ここでいわれる「仏」とはお釈迦さまのことです。しかし、お釈迦さま個人を崇め奉るという意味ではなく、お釈迦さまが出遇われた教え、そして、私たちにその教えを明らかにしてくださった方として大事に思うということです。ですのでイメージとしては、お釈迦さまと向き合うのではなく、お釈迦さまの後ろで、お釈迦さまが向いておられる方を共に向くという感じでしょうか。そして、その向いている先が「法」であり、共に「法」に向いている仲間が「僧」です。

あら！　もしそうだったら、嬉しいです！　参加されている方たちの姿は見えないけれど、このツアーが「サンガ」ですねと、仰る方がいらっしゃいました。ハハハ！　皆さんにお話ししてもいいですか？　ありがとうございます。今の話を聞いて、ご夫婦でご参加くださっている方がこんなことを仰いました。家にいる時は、おかずの品数が少ないなど些細なことでケンカが絶えないが、あれは「餓鬼」であり「畜生」であり「地獄」だと気づかされた。自分が稼いでいるとか、自分が料理を作っているとか、そんな思いで、相手と向き合っていた。しかし今、このツアーを「サンガ」だと言った人がいた。そこでハッとさせられた。相手は妻や夫ではなく「サンガ」の仲間だったのかと。そうなると、関係が変わる。新しい関係が始まりそうでわくわくするが、おかずの品数では、やっぱりもめるだろうなぁと仰って、思わず笑ってしまいました。」

関係が変わるのか……。別れたパートナーがこのツアーに参加していたら、どう思っているだろう。そんなことを、ふと思った。

第4章

お釈迦さまの説法

1　願いが発されるとき

舎利弗、彼仏国土、微風吹動、諸宝行樹、及宝羅網、出微妙音。譬如百千種楽、同時俱作。聞是音者、皆自然生、念仏念法念僧之心。舎利弗、其仏国土、成就如是、功徳荘厳。

そよ風が頬を優しくなでていく。宝石でできた樹々や、天にかかる羅網が軽やかに揺れ、心地よい音を奏でている。

耳をすますと、西洋の弦楽器、管楽器、打楽器、鍵盤楽器だけでなく、和楽器、シルクロードや東南アジア、そしてアフリカなどの民族楽器のような、百千種の音楽が同時に響いている。不思議なのは、それらの音が調和していることだ。「シンフォニー」の語源は、音の一致を意味するギリシャ語の「シンフォニア」に由来すると聞いたことがあるが、このことかと思う。とはいっても、これだけ数々の楽器の調和は現実世界では難しい。下手をすると騒音であり、混沌である。合うはずがないのである。しかし、ここでは見事に調和している。

あぁ、これが「もののありのままのすがた」なのだろうか。音と音との関わりさえも、その関係が変えられていく。今さらかもしれないが、思わず「阿弥陀さま凄い！」と思ってしまう。

あぁ！　このことか。英月さんが、「鳥の声を聞いた者は、仏さまの法を知らされ、仏を念じ、法を念じ、僧を念じる心が起こされる」と言っていたが、今の自分がそうだ。音楽を聞き、阿弥陀さまの法を知らされ、感嘆の声が出たように、これが仏を念じる心が起こされるということなのかもしれない。

空を見上げると、温かな光に照らされている。眩しいほどの輝きなのに、目を細めることもなく、その光を直視することができる。不思議な光だと見上げていると、その真ん中に、お説法をされているお釈迦さまのお姿が浮かび上がるように現れた。

「舎利弗よ、汝はどのように考えるか。極楽の仏をなぜ阿弥陀と名づけたてまつるのか。」

舎利弗、於汝意云何。
彼仏何故、号阿弥陀。

あれ？と気になる。これと同じ問いを聞いたことがある。それはツアーの始め頃だ、この極楽に来る前にお釈迦さまが尋ねられたはずだ。「ここから西へ十万億の諸仏の国を過ぎたところに世界がある。名づけて極楽という。その国には仏がおいでになり、名づけて阿弥陀という。今、現にましまして説法をしてくださっている」と言った後で、「舎利弗よ、かの国をなぜ極楽というのか」と尋ねられたと記憶している。

それだけではない、舎利弗の答えを待たずに、「その国に生きるすべてのものは苦しみがなく、さまざまな楽を受けるから極楽という」と、確かそう答えられたはずだが、なぜ同じことを尋ねるのだろう？　しかも「智慧第一」といわれる舎利弗さんに対して、もう一度聞くようなことでもないはずだ。いや、ちょっと待て。果たしてこれは、舎利弗さんに対しての問いかけなのだろうか？

「舎利弗よ、かの仏さまの光明は量ることが無く、あまねく十方の国を照らして、行き届かせられぬところがない。それゆえ阿弥陀、すなわち無量光と名づけたてまつるのである。また舎利弗よ、かの仏さまの寿命も、その国に生きる人びとの寿命も、量り無き長い時間である。そうであるから、かの仏さまを阿弥陀、すなわち無量寿と名づけたてまつるのである。舎利弗よ、光明無量であり、寿命無量である阿弥陀仏は、すでに仏になられてから今日まで、十劫《じっこう》という長い長い時間がすでにたっているのだよ。」

舎利弗、彼仏光明無量、照十方国、無所障礙。是故号為阿弥陀。又舎利弗、彼仏寿命、及其人民、無量無辺、阿僧祇劫。故名阿弥陀。舎利弗、阿弥陀仏、成仏已来、於今十劫。

今回も同じだ！　舎利弗さんの答えを待たずに、お釈迦さまが自ら答えられている。しかもその内容は、大事なポイントを確認するかのようだ。もう何十年も前になるが、十代のころ、期末試験前にここだけは押さえておけと、先生が黒板にまとめを書いてくれたことが思い出される。

あぁ、そうか、いや、きっとそうに違いない。極楽の旅は圧倒されることの連続だ。大地が黄金で、宝石でできた並木や建物があり、空からは絶えず華が舞い降り、音楽が奏でられている。その中で、珍しい水を飲んだり、壁画や彫刻でしか見たことがないような鳥を実際に見たりしていると、ついつい目に見えるものに心が奪われてしまう。結果、目に見えるものに託された願いにまで、思いが至らない。だからここで問われたのだ。わかっているか？　と。珍しいものを見ているのではないぞ、と。今、目にしている極楽の姿は、量ることの無い「もののありのまま」の世界だぞと、大事なことを押さえるために、舎利弗さんに呼び掛けられたのだ。

今になってようやくわかる。亡くなった祖母が、〝お薬師さん〟の縁日に毎月、連れて行ってくれていた意味が。あれは病弱だった祖母のためだけではなかったのだ。

孫である自分の健やかな成長をも願ってくれていたのだと。自分は気づいていなかったただけで、祖母に願われ続けていたのだ。

では、「すでに仏になられてから今日まで、長い長い時間がすでにたっている」というのも同じではないのか？　自分が知っているのは一つ目だけだが、法蔵比丘は生きとし生けるもののために四十八個もの願いを起こし、そしてそれらが成就して阿弥陀という仏になったというではないか。それから、とてつもなく長い時間がたっているということは、この自分は、その願いの中に生まれてきたということではないのか？

◇

「弥陀成仏のこのかたは　いまに十劫をへたまえり　法身の光輪きわもなく　世《せ》の盲《もう》冥《みょう》をてらすなり」

英月さんの声が聞こえてきた。お釈迦さまの後に聞くと、体温を伴った声の生々しさを感じてしまうと同時に、今、目の前でお説法をされているお釈迦さまは仏さまなのだと、あらためて知らされた思いがする。英月さんが言葉を続けた。

「これは和讃《わさん》といって、親鸞聖人が詠まれた歌です。お経さんと一緒にお勤めをしていますが、親鸞聖人がこの歌を詠まれた鎌倉時代では、今でいう流行歌のようなものでした。

ツアーに参加されている方から、たぶんこの方は、お経さんをよくお勤めされている方ではないでしょうか、この和讃が思い出されたとお声がけをいただきましたが、そうですね、重なりますね。ここでは和讃については詳しくは話しませんが、私たちは阿弥陀さまのはたらき、これは願いと言い換えてもいいかもしれません。はい、そうです。四十八個もの願いを起こされましたが、それは他でもないこの私のためです。その願いの中に、私たちはいるんですよと、この和讃では詠われています。

はい、そうですね。その和讃もお経さんと一緒にお勤めしますね。今、別の方から「十方微塵世界の　念仏の衆生をみそなわし　摂取してすてざれば　阿弥陀となづけたてまつる」という歌もあるねと、お声がけをいただきました。

はい、そうですね。仰るとおりだと思います。今、また他の方が、最初の歌には「十劫」という時間を、そして後の歌には「十方微塵世界」という空間を表す言葉が使われているとご指摘くださいましたが、そうですね、よく覚えておられますね。阿弥陀さまのamita、この原語は、「無量寿」と訳されるAmitāyusと、「無量光」と訳されるAmitābhaの二つがあると申しました。その時に、「無量寿」は時間を、そして「無量光」は空間を表しているのかと、お聞きくださった方がおられましたが、この二つの和讃とも重なりますね。そして今、お釈迦さまが説いてくださったことが、他でもないこのことなのです。

和讃についてですか？　ご興味のある方は『そのお悩み、親鸞さんが解決してくれます　英月流「和讃」のススメ』という本がございますので、お手に取っていただければと思います。はい、私が書いた本でございます。どさくさに紛れて宣伝しました、ゴメンなさい。」

英月さんが言った「阿弥陀さまのはたらき」というのは、正直よくわからないが、願いだと言っていた。だとすると、これは自分が考えていたことと同じではないか！

驚いたが、もっと驚いたことがある。「はたらき」や「願い」という一種の専門用語のような言葉で表現されているが、これは仏さまの「教え」のことではないのか？もしそうだとしたら、自分はその教えの中に生まれてきたことになる。

しかし、世間一般での認識は違う。「くらしに役立つ仏さまの教え」「ビジネスに活用する仏教」などの切り口で語られることが多く、仏教は選択のひとつであり、有効なツールとして位置付けられている。つまり、大いなる思い違いをしているということだ。使うものだと思っていた仏教の教えに、実は自分自身が包まれていたのだ。これは自分にとって大きな発見であり、驚きであった。

しかしあらためて考えてみると、ひどい話だ。仏さまの教えを、これは使える、それは使えないと、人間である自分が量っているのだから、もはや滑稽でさえある。しかし滑稽なのは他でもない自分自身だ。このツアーに参加する前の自分と今の自分は違うと、いっぱしにわかったつもりになって自分で自分を量っているのだから……。思わず乾いた笑い声が出てしまうが、温かな光に照らされ、それさえも柔らかな微笑みに変えられていくようだ。

◇

「阿弥陀さまのお名前について確認するように述べてくださったお釈迦さまは、次に、阿弥陀さまの極楽にいる方々について説いてくださいます。はい、そうですね、先ほど実際に見ましたね。朝も早くから、他方の十万億の仏さまたちに供養されるお姿を。

はい、そうですね、仰るとおりかもしれません。今一度ここで、大事なことを押さえてくださっているのかもしれません」と、英月さんが言い終わると、お釈迦さまの声に包まれた。

「また舎利弗よ、かの仏、阿弥陀さまには、無量無辺、無数の、阿羅漢のさとりを開いた声聞《しょうもん》と呼ばれる弟子たちがおられる。その数は多く、とても計算することはできぬ。また菩薩の方々も、声聞の方々と同じく数をもって知ることはできぬ。

舎利弗よ、かの仏国土、そう、ここ阿弥陀さまの極楽は、このような方々によって荘厳されているのだ。

また舎利弗よ、この極楽国土の衆生《しゅじょう》として生まれる者はみな、阿鞞跋致《あびばっち》といわれる不退転の菩薩である。その中には、多くの一生補処《いっしょうふしょ》の菩薩もおられる。その数は多く、とても計算することはできぬ。ただ、無量無辺阿僧祇劫《むりょうむへんあそうぎこう》の長い長い時間がかかったならば、或いは説きつくすことができるかも知れぬが、それも難しいことであろう。

舎利弗よ、これを聞く一切の衆生は、まさに願いを発《おこ》し、かの国である、ここ阿弥

又舎利弗、彼仏有無量無辺、声聞弟子。皆阿羅漢。非是算数、之所能知。諸菩薩衆、亦復如是。
舎利弗、彼仏国土、成就如是、功徳荘厳。
又舎利弗、極楽国土、衆生生者、皆是阿鞞跋致。其中多有、一生補処。其数甚多。非是算数、所能知之。但可以無量無辺、阿僧祇劫説。
舎利弗、衆生聞者、

陀さまの極楽に生まれたいと欲《おも》うがよい。なぜならば、声聞や阿鞞跋致、そして一生補処の菩薩など諸々の勝《すぐ》れた善い人と倶《とも》に一処《いっしょ》に会うことを得るからである」。

応当発願、願生彼国。所以者何。得与如是、諸上善人、倶会一処。

いくつかの難しい言葉が出てきたが、阿弥陀さまの極楽にいる方々は皆さん菩薩さんで、その数はとても多いということ、そして、そのことを聞いた自分たちも、その阿弥陀さまの極楽に生まれたい、そんな方々と倶《とも》にいたいとの願いを発す。ポイントをまとめると、そういう意味になるのではないか。

しかし気になるのは、「願いを発す」だ。誰がおこすのかと思うが、話しの流れからいうと、どうやら、この自分ということになる。いやいや無理ですよ、そんな願いは出てきませんよと、お釈迦さまにツッコミたい。「これを聞く一切の衆生」と言い切っているおかげで、自分もその中に巻き込まれているが、それは前のめりってもんですよ。

いや、待て。そもそも、この自分はちゃんと「聞く」ことができているのか？　本当の意味でちゃんと「聞く」ことができたなら、そのような願いもおこされるのかもしれない。そうだ、自分でおこすものではないのだ。空腹だってそうだ、よしいっちょ腹を空かせてやろうと思っても、満腹の後では無理だ。状況が整い、空腹がおこされる。願いも同じではないのか。

所詮、自分が願うことなど、その時々の自分にとって都合のいいことを量っているにすぎない。そんな欲望とも言い換えられる願いではなく根源的な願い、それは縁が整った時におこされるのではないか？　つまり、ここでお釈迦さまが説かれているのは、頑張って阿弥陀さまの極楽に生まれることを願え！　ではなく、「一切の衆生」と呼び掛けられている、生きとし生けるもの、そのすべてに時機がきて、願いがおこされた時。その時は、阿弥陀さまの極楽で菩薩さんたちと倶に、阿弥陀さまのお説法を聞くことができる。それが、極楽にいる方々の姿だと。それはまさに、さきほど見た極楽に生まれた人たちの暮らしと重なる。

◇

「はい、そうです。よくお気づきになりましたね。」

英月さんの明るい声が聞こえ、自分の考えを声に出してしゃべっていたのかとドキッとする。

「そうです、お墓に「倶会一処《くえいっしょ》」と刻まれていることがありますが、あの言葉は、この「倶に一処に会う」からです。」

あぁ、誰かが質問をしたのか。そういえば「倶会一処」という文字は見たことがある。

「一処とは、ここ阿弥陀さまの極楽のことです。量ることを超えた、もののありのままの世界である、この極楽で倶に会うという意味から、墓石に刻むだけでなく最近では納骨堂などの名前になっていることもあるので、目にされた方もおられるのではないでしょうか。」

あぁ、そうだ。地下鉄に乗っている時に何度か目にしたのは、確か納骨堂の広告だった。そうか、あれはお経から引用していたのか。

「せめて小一時間でもいただき、「倶会一処」について法話をさせていただきたいところですが、そんなことをしてしまいますと、このツアーが終わらず、皆さんもご自宅に帰れなくなってしまいますから、サクッとポイントだけ話をさせて……。

あら、ご自宅に帰れなくなってもいい？　このまま、この極楽の住人になると？

あらあら、それは困りましたね。願いがおこされた、だからここにいると？　申し訳ございませんが、それは勘違いでございます。「おこされた」のではなく「おこした」です。そして、そのようにしてご自身で「おこした」願いによって思い描いておられる極楽は、今、私たちが旅している極楽とはまったく別物です。はい、残念でございますが。そして残念ついで、失礼ついでに申し上げますと、皆さんは、いえ、私を含めて、今の私たちは、ここの住人になることはできません。

なぜなら、煩悩があるからです。覚えておられますか？　お釈迦さまがお亡くなりになった後に開かれた結集。その議長役を務められた摩訶迦葉さんは、五百人の参加者リストから阿難陀さんを予め省いていたという話を。あれは意地悪からではなく、さとりを開いていない阿難陀さんには煩悩があり、その煩悩がある人が、お釈迦さまのお説法を確認する大事な結集にメンバーとして入ると、どんな間違いが起こるかわからない、だから省いていたのです。

それが証拠に、ここにおられる方々は菩薩さま方など、皆さん、さとりを開かれた方ばかりです。はい、そうです。残念ながら、さとりを開いていない私たちは、ここの住人にはなれないのです。私たちは今、煩悩がある状態です。まぁ、正確に言い表すと、「煩悩がある」のではなく、「煩悩に名前を付けたら私になった」ということになりますが。ハッキリ申し上げて、煩悩を無くすことはできません。

はい？　そうです、よく聞いておられましたね。お釈迦さまはお説法で、「これを聞く一切の衆生」、つまりそんな私たちも、阿弥陀さまの極楽に生まれたいとの願いが発《おこ》されたら「倶会一処」、この極楽で会えるよと仰っています。

そうです「一切の衆生」には、今、ご質問くださった方を始め、皆さん一切が入っています。しかし残念ながら今は、阿弥陀さまの極楽の住人になることはできません。けれども、なることは確定しているのです。安心ですか？　今、何人かの方々が異口同音に、「それが決まっているなら安心だ」と仰いましたが、そうですね……。

はい？　はい、そうです。そのためには願いが発されないと、ダメですね。はい？そうですね。「願いが発されるかはわからないが、ゴールが決まっているなら安心だ」と仰った方もおられましたが、ゴール、つまり、いのちの方向性が決まるというのは確かに、大きな安心を与えてくれますね。

はい？　何でしょうか。まぁ、それは興味深い視点ですね。今、「いのちの方向性が決まると、今のいのちも変えられるのでは」と仰った方がおられました。これは、仰るとおりだと思います。たとえとして適切かはわかりませんが、旅先がスキーリゾートとビーチリゾートでは、旅の準備が変わります。あたりまえですよね。いのちの方向性も、同じではないでしょうか。阿弥陀さまの極楽という「はかることのない世界」を向くいのちは、今のいのちを変えてしまう……。それは、ひっくり返されるような変化かもしれません。

はい、仰るとおりです。やはりポイントになるのは、どうすれば願いが発されるのか？　ということですね。言い換えるとそれは、どうしたら、この阿弥陀の国の住人になれるのか？　ということになります。」

お釈迦さまのお説法を受けて、議論が白熱したことが面白かった。自分を含め、このツアーの参加者たちは皆、ただの旅行者であったはずだ。それが、いつの間にか、物見遊山の観光客ではなくなっている。

いや、これが本来の観光なのかも知れない。そもそも「観光」という言葉は、中国の古典『易経』にある「国の光を観る」に由来していると、新人研修の時に聞いた覚えがある。他国へ行き、その国の風習や風俗などを「観て」、自国の文化の向上に役立てる、そういう意味もあったはずだ。では今、阿弥陀の国に観光をしていることで、自分たちが観ているのは何だ？

それは価値観の違いだ。量る世界で生きている自分たちが、量ることの無い、無量の世界、もののありのままの世界を観ることで、違う価値観を知らされる。それによって、量る世界での日々も変えられていくというが、これは凄いことだ。英月さんはサラッと「ひっくり返されるような変化」と言っていたが、彼女はわかっているのだろうか、ことの重大さを。世界がまったく違って見えてくることになるのに。

おまけに、もう一つ凄いことを言っていた。どうすれば、この阿弥陀の国の住人になれるのかと。というか、なれるのか?

2 いのちの方向性

「多くの方々が驚いておられますが、そうですよね、どうしたら阿弥陀の国の住人になれるのか? なんて言いましたから。まるで何か方法があるみたいな言い方でしたね。でも、あるんです。」

自分以外のツアー参加者たちの姿は見えないが、それでも、どよめいた雰囲気がした。あたりまえだ、この阿弥陀の国にツアー参加者としてではなく、正式に住人としてくる方法があると聞いて、驚かない人などいないはずだ。

「先ほどお釈迦さまはお説法で「阿弥陀さまの極楽に生まれたいと欲《おも》うがよい」と仰いましたが、欲《おも》えと言うだけでなく、その続きにちゃんと、生まれる方法を説いてくださっているのです。はい、ご心配なく、タダでございます。オプション料金は発生しませんので、皆さま是非、その続きをお聴きください。そろそろ、始まります。」

「舎利弗よ、少善根福徳《しょうぜんごんふくとく》の因縁をもって、かの阿弥陀の国に生まれることはできぬ。

舎利弗よ、もし善男子《ぜんなんし》や善女人《ぜんにょにん》たちが、今のように阿弥陀仏のことを説きのべることを聞いたならば、その名号《みょうごう》を執持《しゅうじ》し、それが一日であれ、二日であれ、三日であれ、四日であれ、五日であれ、六日であれ、また七日であれ、時の多少を言わず、一心にして乱れることなく念仏するなら、その人の命が終わる時に、阿弥陀仏は諸々の阿弥陀仏の世界の住人たちと共に、その人の前に現れてくださるだろう。こうして一度信心をいただいたこの者が、命を終えようとする時、即時に阿弥陀仏の極楽国土に往生することを得る。」

舎利弗、不可以少善根、福徳因縁、得生彼国。
舎利弗、若有善男子善女人、聞説阿弥陀仏、執持名号、若一日、若二日、若三日、若四日、若五日、若六日、若七日、一心不乱、其人臨命終時、阿弥陀仏、与諸聖衆、

現在其前。是人終時、
心不顛倒、即得往生、
阿弥陀仏、極楽国土。

英月さんは、何も話さなかった。ツアーの参加者たちも、何も言わなかったようだ。いや、言わないのではなく、言葉が出ないのだ。

なぜなら、自分自身がそうだ。正直、お釈迦さまのお言葉をちゃんと、そのまま受け取れているのかは甚だ疑わしい。しかし「命を終えようとする時、即時に」という言葉は響いた。なんてシンプルなんだ。命を終えようとする時、いわゆる臨終に対して何も言及されていない。言及されていないということは、問題にならないということではないのか？

つまり、このままで大丈夫だということだ。常に心が揺れ続けている、それを煩悩というのかもしれないが、そのままで大丈夫。精神的にも、肉体的にも、どのような状態であっても大丈夫。世にいう「畳の上で死ねない」状態であっても、たとえ身をもがくような状態であっても大丈夫だということだろう。それが「即時に」ということではないのか。健康になって、いい人になって、なんならお寺を建立して、などの条件が一切ない。とにもかくにも、そのままで大丈夫。なんて力強い言葉だ。

「煩悩にまなこさえられて　摂取の光明みざれども　大悲ものうきことなくて　つね

にわが身をてらすなり」

英月さんの声が静かに響いた。

「これも、親鸞さんが詠まれた和讃です。心が乱れ身をもがく、そんな煩悩によって、阿弥陀さまの、必ず救うという願いの光が見えなくても、阿弥陀さまは決してあきらめることなく、常にこの私を照らし続けてくださっているのです。その阿弥陀さまを念じること、阿弥陀さまの名前をしっかりとたもつこと、それが、お説法で仰った「執持名号」です。阿弥陀さまのお名前を念じる、〝仏〟を〝念〟じる、お念仏ですね。声を出して称える称名念仏によって、阿弥陀さまを思い、阿弥陀さまの名が表す「量ることの無い世界」を思う。

けれども私自身はどうかというと、やはり心が乱れ、身はもがく、煩悩存在ということには変わりがありません。だから、一日であれ、二日であれ、とにかく阿弥陀さまの名前を「執持」し、念じ続ける。それによって、「量ることの無い世界」が思い出される。と同時に、あぁ、また自分の都合を量り、それを中心にして生きていたな。それによって、他人を傷つけ、自分も傷つき、悲しみ、怒り、迷っていたなと知らされる。私自身は変わらないですが、何を大事に生きていくのか？　何を中心にして生きていくのか？　今のまま、自分の都合を中心にしたままでいいのか？　そんな呼び掛けをいただき続ける。それが「執持名号」だと、私は受けとめています。

ね。

そうですね、そうだと思います。それが、先ほど話していた、いのちの方向性ですとです。なので言い換えると「執持名号」により、いのちの方向性が与えられるということです。そうですね、そうとも言えますね。自分の都合を離れるということも与えられているのではと、仰った方がおられましたが、そのとおりだと思います。けれどもそれは、念じた時だけです。だから「執持名号」、たもち続ける、念じ続けることが大事なのです。なぜならすぐに、親鸞さんの和讃ではないですが、「煩悩にまなこさえられて」になるからです。」

何たることだ。念仏にそんな意味があったなんて。そもそも人生のなかで念仏の意味について考えたことなどなかったし、考えようとさえ思わなかった。

なぜなら念仏は、自分の人生には関わりもなければ、影響もない。いいことが得られる呪文とまでは思っていないけれど、まぁ、その類いのものだと認識していた。ところがどうだろう。自分の人生に関わるどころか、いのちの方向性を与えてくれるものだったとは……。驚きを超えて衝撃でさえある。

あぁ、だからか。だから、お釈迦さまのお説法を受けて、議論が白熱したんだ。自分たちでも気づかないうちに、自分の人生に関わっていることに気づき始めていたのだ。

◇

「本当にお念仏だけで、極楽に生まれることができるのか？　ですか。そうですね、正直、何か物足りないような気もするかもしれません。けれども、「少善根福徳の因縁をもって、かの阿弥陀の国に生まれることはできぬ」とお釈迦さまが最初にハッキリと説いておられるように、善根功徳《ぜんごんくどく》を積んだからといって、阿弥陀の国に生まれることはできないのです。それは、生まれるための原因にはならないのです。」

念仏の事実に衝撃を受けて忘れていたが、そうだ、お釈迦さまは極楽の住人になる方法を説いてくださっていたのだ。しかし、その方法がお念仏とは、これまた驚愕だ。仏を念じることが、阿弥陀の国に生まれる原因になるとは……。

確かに、「善根功徳を積んだからといって、阿弥陀の国に生まれることはできない」というのは、「量ることが無い」という阿弥陀の国の事実を顕著に現しているように思う。とは言ったが、「善根功徳」の正しい意味は知らない。けれどもここで言われていることのポイントは、自分の努力や、やったことは、阿弥陀の国に生まれる原因にはならないということだろう。では、何が原因になるかというと、念仏ということになるが、ぶっ飛びすぎていて理解が追いつかない。

これは、念仏という言葉がいけないのではないか？　大事な言葉ではあるが、言葉にイメージが付いていて、理解の邪魔をする。そうだ、念仏を仮に〝ぴんぴろりん〟と呼ぼう。言葉に意味はない。だが、これでシンプルに考えていけるはずだ。

繰り返しになるが、阿弥陀の国には、良いことをしたからとか、他人より努力をしたからといって、生まれることはできない。しかし、〝ぴんぴろりん〟によって、生まれることができる。これは……。ああ！　そうだったのか！

「どうかされましたか？」

英月さんが、こちらを向いてほほ笑んでいる。あまりの興奮から大きな声を出してしまったようだが、気づいたことを聞いてみることにした。頷きながら聞いていた彼女は、「仰るとおりだと思います」と言うと、ゆっくりと口を開いた。

「なぜ、お念仏が阿弥陀さまの国に生まれる方法になるのか、大事なことをお話しくださった方がおられました。」

そう言って英月さんは〝ぴんぴろりん〟まで、かいつまんで話すと、「なぜ〝ぴんぴろりん〟によって生まれることができるのか？」と、ツアー参加者たちに問いかけた。

「それは、人を選ばないからです。自分がした努力、自分がした良いことなどは、阿弥陀の国に生まれる根拠にならず、根拠は〝ぴんぴろりん〟です。

では、なぜ自分は根拠になれないのか？　努力がダメなのか？　良いことをするのがダメなのか？　これは丁寧にお話をしないといけませんが、結論を言いますと、量っているからです。

努力は大事、良いことをするのも大事。けれども、その根底に流れているのは、量るということです。他人や、世間、そして過去の自分などと。つまり「量ることの無い」という、阿弥陀さまの国を願っているのではないのです。

そして、もう一つ大事なこと。それは、すべての人たちには成り立たないということです。努力ができる人、良いことができる人だけ、ということになってしまいます。

それに対して、〝ぴんぴろりん〟が根拠だと、〝ぴんぴろりん〟を手に入れた人はもれなく皆、阿弥陀の国に生まれることができます。そして、〝ぴんぴろりん〟は既に私のために、用意されているのです。」

3　阿弥陀というはたらき

そこまで話すと、英月さんはお釈迦さまを仰ぎ見てから、ふたたび口を開いた。

「十方微塵世界の　念仏の衆生をみそなわし　摂取してすてざれば　阿弥陀となづけたてまつる」

あぁ、これは親鸞さんが詠んだという和讃だ。

「これは先ほど紹介した和讃です。先ほどは「十方微塵世界」だけで、他の言葉には触れませんでしたが、「摂取してすてざれば　阿弥陀となづけたてまつる」という言葉の「摂取」、これは、摂《おさ》め取る、ザックリ言うと救うということです。つまりこの言葉は、「救って見捨てることがないから、阿弥陀と申し上げる」という意味になります。

気づかれた方は、おられるでしょうか？　実はこれ、凄いことを仰っているんです。阿弥陀という仏さまがおられますよ、その仏さまのスペックは救って見捨てないことですよ、ではないのです。救って見捨てることがない、そのはたらきに名前を付けたら阿弥陀ですよ、という意味なのです。

そうです！　仰るとおり、救って見捨てないというはたらきは、阿弥陀の存在意義に関わることなのです。ちなみに親鸞さんは「摂取」という言葉の横に、小さな文字で説明書きを加えておられます。専門用語で左訓《さくん》というのですが、その中に「摂はものの逃ぐるを追はへとるなり」という一節があります。

そうです、ただ見捨てないというだけではないのです。これは私の受けとめですが、逃げるものも追いかけて救うということです。はい、ものすごく積極的です。そして、そのはたらきを、阿弥陀と呼ぶのです。先ほど〝ぴんぴろりん〟の話をしてくださった方は、〝ぴんぴろりん〟が阿弥陀の国に生まれる方法だというのは、この私を必ず救うという意味ですかとお聞きくださいました。仰るとおりだと思います。「摂取してすてざれば　阿弥陀となづけたてまつる」だからです。その阿弥陀を念じるのが、〝ぴんぴろりん〟であり、念仏です。」

〝ぴんぴろりん〟をご披露いただき嬉しいが、少し照れくさくもある。しかし正直、頭では理解できた気もするが、納得したかと言われると甚だ怪しい。

しかし、そもそも「自分が納得した」ということ自体、怪しいことだ。自分の今までの人生で得た知識や情報を基に、自分の今の価値観で理解し、自分が認める。そんな納得はすぐに、納得できないに変えられてしまう。所詮「量る」世界のことだ。そして今、お釈迦さまが説かれ、目の前に広がっている世界は「量ることが無い」世界。

その世界に生まれる方法が、「量ることが無い」阿弥陀という仏を念じること。自分の胃袋と同列に語ることははばかれるが、空腹が起こされるように、仏を念じることも起こされる。その時に、この阿弥陀の国に生まれることができるのか……。だとすると、それはいつだ？　独り身の気楽さとはいえ、こちらにも生活はある。いきなり、この国に生まれることになるのも、正直、ちょっと困る。

「ハハハ！　そうですよね、追いかけてまで〝ぴんぴろりん〟を、私に届けてくださっている。なるほど、言われてみれば確かにそうですよね。」

英月さんの笑い声が聞こえる。

「ハハハ！　日時指定ですか？　残念ながら、日時指定はできないですね。普段の生活から、いきなり阿弥陀の国に連れて来られても困る、ですか。なるほど、そういう考え方もできますね。」

　同じようなことを考える人はいるものだ。

「色々、心配されている方も多くおられますが、ご安心ください。日常生活から、いきなりこの阿弥陀の国に連れて来られる、そのようなことは起こりません。それだと、日常生活から切り離された、まるで理想郷のような場所、もしくは逃げ込む場所になってしまいます。「理想郷」や「逃げ込む場所」は、量った場所ですから、阿弥陀さまの国ではありません。お釈迦さまはお説法で「その人の命が終わる時に、阿弥陀仏は諸々の阿弥陀仏の世界の住人たちと共に、その人の前に現れてくださるだろう」と仰っておられます。はい、そうです。迎えに来てくださいます。それが、命が終わる時です。」

　ありがたいことが説かれているらしいが、意味はわからないと思い込んでいたお経だが、阿弥陀の国に生まれることができる方法は念仏、そして生まれることができるのは命が終わった時と説かれているように、こんなにも理路整然としたものだったとは驚きだ。驚きだが、結局、生きている今は阿弥陀の国とは関わりが持てないということにならないか？

「死んでから行くところだから、生きている今は関係ない、ですか？」

誰かが質問したようだが、やはり皆、疑問に思うことは同じだ。

「ゴールが決まっているのは確かに安心だが、それが生きている今、自分とどう関わるのか？　という大事なご質問もいただきました。ありがとうございます。」

そう言うと英月さんは、ゆっくりと話し始めた。

◇

「『摂取してすてざれば　阿弥陀となづけたてまつる』の「摂」は、逃げているものを追いかけてつかまえるという意味があると言いました。何から逃げているのかというと、阿弥陀さまからです。だって、阿弥陀さまが追いかけていますからね。

では、阿弥陀さまとは何かというと、量ることが無いといういのちの事実です。つまり私たちは、いのちの事実に背を向けているのです。では、どちらを向いているかというと、量る世界、自分の都合です。それは私たちにとっては、あたりまえのことです。そうですよね？　量ろうと意識をする前に、すでに量っています。

そうです、よく覚えてくださっていました。闇ですね、闇の中にいることにも気づいていない私たちです。その私たちを照らし続けてくれている、はたらきがあるのです。それが阿弥陀さまです。『法身の光輪きわもなく　世《せ》の盲冥《もうみょう》をてらすなり』と親鸞さんが和讃でも詠んでおられましたが、盲冥、これは闇の中にいることにも気づいていない私たちのことですが、その私たちを照らしてくださっているのです。

量る世界を生きていると思っている私たちを包む、量ることのない世界があるのです。それが、阿弥陀の国です。人生詰んだ、行き詰まった、もうダメだと、思うことがあったとしても、それは自分の都合が行き詰まっているだけです。自分の思いを超えて、量ることのない世界があるのです。けれども、その世界に行くことができるのは、命が終わった時。だったら、生きている今は関係ないのか？　そう思われるのは当然だと思います。

けれども、ハッキリしたことがあります。それは命が終わる時、阿弥陀さまは、阿弥陀さまの世界の住人たちと共に迎えにきてくださるということです。このツアーに参加される前、この事実をご存じだった方はおられるでしょうか。はい、ありがとうございます。一割くらいの方が手を挙げてくださいましたが、もしご存じであったとしても、それは知識としてご存じだったと思います。どうでしょうか？　ご一緒に、阿弥陀さまの極楽を旅してきて、実感として受けとめられるようになったのではないでしょうか。」

　思わず、大きく頷いてしまった。もちろん、阿弥陀さまが迎えに来てくれることなど初耳だ。しかし、小馬鹿にしていた地獄が恐ろしくなったように、こうして旅をしてきたことで、自分の理解は追いつかないが、それでも迎えに来てくれるという事実には頷かずにはいられない。

「この事実に頷けることと、この事実を知らないことでは、今の命がまったく違います。それだけではありません、命が終わった時、阿弥陀の国、極楽ですね、極楽に行くことが決まっていると知ることと、死んだら終わりと思っていることでは、これもまた今の命がまったく違います。皆さん、覚えていらっしゃいますか？　このツアーのキャッチコピーを。そうです、「行きたいと思ったときに来てくれるのが阿弥陀の国！」です。死んでからの話ではないのです。」

　ふと、仕事を思い出した。高額なツアーや秘境といわれるところに行くツアーの場合、申込者を対象にして出発前に説明会を行うことがあった。その時に、必ずといっていいほど言っていた言葉がある。それは「申込をした時点から旅行は始まっていますよ！」だった。

奇しくも英月さんが、ビーチリゾートに行くかスキーリゾートに行くかで、旅の準備が変わると言っていたが、旅行に行くことが決まった時点で、すでに旅行は始まっている。つまり極楽でいえば、この世での命を終えた時に、阿弥陀さまたちが迎えに来てくれ、この極楽の住人になることは決まっているのだ。今現在は煩悩がある自分は極楽の住人にはなれないが、なることは決まっている。言い換えれば、極楽行きの申込みをしたようなものだ。いや、自分では申込みはできない。これもさしずめ、追いかけてまで救うと誓ってくれた、阿弥陀さんが申し込んでくれていたということだろう。おせっかいというか、熱血漢というか……。まぁ、ありがたいことだ。

さて、たとえばビーチリゾートに行くなら、水着や日焼け止めを買い、何なら、少し体を引き締めようと運動をする。日頃聞く音楽も、変わるかもしれない。つまり、ビーチリゾートには行っていないが、日々の生活にビーチリゾートが顔を出すようになる。ということは、極楽も同じなのではないか？　自分は極楽には行っていないけれど、水を飲めば、ハックドク水を思い出し、鳥を見て、極楽の珍しい鳥たちを思い出す。花屋の店先の花たちを見ても、極楽の光り輝く蓮を思い出すかもしれない。それらが思い出させてくれるのは、「量ることの無い」世界であり、「もののありのまま」の世界だ。つまり、阿弥陀の国がちょこっと顔を出す。英月さんの言葉を借りると、「来てくれる」とも言える。量ることがあたりまえの世界に、ちょこっと顔を出す、量ることの無い世界。「今のいのちがまったく違う」と英月さんは言ったけど、確かに違うだろう。今、見ている世界が変えられるのだから。そしてそれは「執持名号」、いわゆる〝ぴんぴろりん〟を念じ続けることによって、この自分も得られるのだ！

舎利弗、我見是利、故説此言。若有衆生、聞是説者、応当発願、生彼国土。

「舎利弗よ、私はこのような利益を実際に見ているがゆえに、このような説法をするのである。されば世の人々よ、この説法を聞いたならば、かの阿弥陀の国に生まれたいとの願いを、どうか発《おこ》してほしい。」

「お釈迦さまのお言葉、受け取ってくださいましたでしょうか。お釈迦さまご自身が、実際に見たと仰る利益、それは今回の旅で私たちも見て来た阿弥陀さまの国、極楽の姿です。その極楽に生まれたいと思ってほしいと、お釈迦さまが願ってくださっているのですが、この発言は、お釈迦さまご自身が、阿弥陀さまを讃えておられるともいえます。

そして、阿弥陀さまを讃えておられるのは、お釈迦さまだけではありません。他の多くの仏さまたちも、阿弥陀さまの教えが真実であると説き、讃えておられます。さて、旅もそろそろ終わりに近づいて参りました。今回のツアーのハイライトのひとつ、これはスペクタクルショーと言っても過言ではありません！　東方、南方、西方、北方、そして、下方《げほう》、上方《じょうほう》から、様々な仏さまが登場されます！　そのお姿に圧倒されるかとは思いますが、是非、お釈迦さまのお言葉にも耳を傾けてください。」

4　六方諸仏による証し

舎利弗、

「舎利弗よ」と、お釈迦さまの声が静かに響いた。英月さんが言っていたスペクタクルショーを期待していたので、拍子抜けした感は否めない。お釈迦さまの声は続く。

「私が今、阿弥陀仏の不可思議の功徳をほめたたえているように、東方の世界にもガンジス河の砂の数ほどの諸仏がおられ、広く長い舌を出し、遍く三千大千世界を覆って、阿弥陀さまの教えが真実であると説き、ほめたたえておられる。そなたたち衆生よ、それら一切の諸仏が阿弥陀仏の不可思議の功徳をほめたたえ、護り念じておられるこの経を信ずるがよい。」

如我今者、讃歎阿弥陀仏、不可思議功徳、

そう言い終わると、静寂が訪れた。次の瞬間だ、まるで夜空に大量の花火が打ち上げられたかのような眩しさに、度肝を抜かれた。もちろん、今いるここに夜空はない。けれども、昼間の明るさであったにもかかわらず、夜空かと見間違えるような圧倒的な輝きだ。その光は空を覆うのではなく、ある一方向に集中していた。お釈迦さまの言葉からすると、それが東にあたるのだろう。

いいや、花火というよりは、光の噴水だ。アメリカのラスベガスに、ベラッジオというホテルがある。ホテルの前にはイタリアのコモ湖をイメージした大きな人工の池があり、昼夜を問わず噴水ショーが行われている。光と共に空高く吹き上がる無数の噴水が思い出された。

今、目にしている光も、あの噴水のように、そして花火のように動きがあった。しかし、スケールはまったく違う。天まで届くかと思われるような規模の大きさだけでなく、光の質が明らかに違うのだ。譬えるならそれは、ダイヤの集合体のようであった。人工の光ではなく、強烈なまでの自然の輝きだ。その光輝く巨大な塊が、上下左右に流れるように動き、何かを形作りはじめた。

◇

「阿閦鞞《あしゅくび》仏《ぶつ》・須弥《しゅみ》相仏《そうぶつ》・大須弥《だいしゅみ》仏《ぶつ》・須弥《しゅみ》光仏《こうぶつ》・妙音仏《みょうおんぶつ》」

お釈迦さまの声と共に、光の塊は仏さまらしい形へと変化しはじめた。自分は口をぽかーんと開け、ただただ、その光を見つめることしかできなかった。うわっ！　今度は右手、つまり南方に、巨大な光の柱が出現した！　その光も東方の光と同じく、ダイヤの集合体のような巨大な光の塊だ。それがまるで滝のように、流れるように輝いている。いや、上下の動きだけでなく、左右にもその輝きは流れている。

東方亦有、阿閦鞞仏、須弥相仏、大須弥仏、須弥光仏、妙音仏、如是等、恒河沙数諸仏、各於其国、出広長舌相、遍覆三千大千世界、説誠実言。汝等衆生、当信是称讃、不可思議功徳、一切諸仏、所護念経。舎利弗、南方世界、

「日月灯仏《にちがつとうぶつ》・名聞光仏《みょうもんこうぶつ》・大焔肩仏《だいえんけんぶつ》・須弥灯仏《しゅみとうぶつ》・無量精進仏《むりょうしょうじんぶつ》」

お釈迦さまの声に合わせるように、その輝きはいくつもの仏さまの姿を形作りはじめた。何なんだこれは！　これはもう、スペクタクルショーという範囲を超えている。うわっ！　また右手だ！　ということは、西方だ。西方一面が光の壁だ！

「無量寿仏《むりょうじゅぶつ》・無量相仏《むりょうそうぶつ》・無量幢仏《むりょうどうぶつ》・大光仏《だいこうぶつ》・大明仏《だいみょうぶつ》・宝相仏《ほうそうぶつ》・浄光仏《じょうこうぶつ》」

お釈迦さまの声がする。無量寿仏ということは、阿弥陀さまだ。あぁ、あの光の塊は阿弥陀さまなのだ。不思議だ、阿弥陀さま以外の仏さまの名前は初耳なのに、それでも自然と、光の塊ごとに、あれは無量相仏、あれは無量幢仏と、知らされる。それはお釈迦さまの言葉も同じだ。話されている言葉はわからないのに、耳に届いた時には、その意味が知らされている。

不思議といえば、この光もそうだ。これだけの光なのに、まぶしくて見えないとい

有日月灯仏、名聞光仏、大焔肩仏、須弥灯仏、無量精進仏、如是等、恒河沙数諸仏、各於其国、出広長舌相、遍覆三千大千世界、説誠実言。汝等衆生、当信是称讃、不可思議功徳、一切諸仏、所護念経。

舎利弗、西方世界、有無量寿仏、無量相仏、無量幢仏、大光仏、大明仏、宝相仏、浄光仏、

如是等、恒河沙数諸仏、各於其国、出広長舌相、遍覆三千大千世界、説誠実言。

うことはない。明るすぎると疲れたり、頭痛がしたりすることもあるが、そういうこともない。また、気持ちが昂ることもない。ツアーの添乗でラスベガスに行き、ベラッジオの噴水ショーに案内すると、老若男女問わず目が輝く。輝くといえば聞こえはいいが、実際のところはギラギラする。気持ちが高揚し、興奮するのだ。不夜城といわれるラスベガスで大量の光を浴び、噴水ショーで盛り上がって寝られず、翌朝のグランドキャニオンへのツアーに寝坊するというお客さまは珍しくなかった。ここは、それ以上の輝きでありながら、穏やかだ。

うわっ！　今度は北方だ。これで四方が光で包まれた！

「焔肩仏《えんけんぶつ》・最勝音仏《さいしょうおんぶつ》・難沮仏《なんそぶつ》・日生仏《にっしょうぶつ》・網明仏《もうみょうぶつ》」

と、お釈迦さまは淡々と仏さまの名前を呼ばれていく。その度に光の塊が動き、仏さまの姿を浮かび上がらせていく。まるで光のカーテンに包まれたようだが、ただの光ではない。仏さまたちに見守られているのだ。背筋が伸びたり、緊張したりしてもよさそうなものだが、見守られている安心感が大きすぎて、穏やかな気持ちになって

汝等衆生、当信是称
讃、不可思議功徳、
一切諸仏、所護念経。

舎利弗、北方世界、

有焔肩仏、最勝音仏、
難沮仏、日生仏、網
明仏、
如是等、恒河沙数諸
仏、各於其国、出広
長舌相、遍覆三千大
千世界、説誠実言。
汝等衆生、当信是称

しまう。ふと、英月さんの言葉が思い出された。

「東方、南方、西方、北方、そして、下方《げほう》、上方《じょうほう》から、様々な仏さまが登場されます」と言っていたが、下方とは？

ふと、自分の足元に目線を落とした瞬間、地面すべてが輝きはじめた！　まるでクリスタルガラスの下から、ライトで照らされたようだが、人工的な光ではなかった。キラキラと輝く水面に立っているようでもあり、目が離せなかった。

「師子仏《ししぶつ》・名聞仏《みょうもんぶつ》・名光仏《みょうこうぶつ》・達摩仏《だつまぶつ》・法幢仏《ほうどうぶつ》・持法仏《じほうぶつ》」

とお釈迦さまの声が聞こえると、光の輝きがそれぞれの仏さまを形作りはじめた。しかし、自分の足元に仏さまの姿を見るというのは、落ち着かない。足の裏ではなく、せめて膝小僧で大地に接しようと、しゃがんだ時だった。

真上、上方が光り輝いた。光に音はないが、まるで音がしたように空気が震動し、驚いた自分は、上を見上げたまま大地に転がってしまった。あぁ、これは何だ？　アラスカで見たオーロラとも違う。輝く大地に寝転んだまま、光り輝く上方を興味深く

讃、不可思議功徳、
一切諸仏、所護念経。
舍利弗、下方世界、

有師子仏、名聞仏、
名光仏、達摩仏、法
幢仏、持法仏、
如是等、恒河沙数諸
仏、各於其国、出広
長舌相、遍覆三千大
千世界、説誠実言。
汝等衆生、当信是称
讃、不可思議功徳、
一切諸仏、所護念経。
舍利弗、上方世界、

見た。極楽には羅網があるが、これも羅網だろうか？　じっと目を凝らした時だった、お釈迦さまの声が聞こえた。

「梵音仏《ぼんおんぶつ》・宿王仏《しゅくおうぶつ》・香上仏《こうじょうぶつ》・香光仏《こうこうぶつ》・大焔肩仏《だいえんけんぶつ》・雑色宝華厳身仏《ざっしきほうけごんしんぶつ》・娑羅樹王仏《しゃらじゅおうぶつ》・宝《ほう》華徳仏《けとくぶつ》・見一切義仏《けんいっさいぎぶつ》・如須弥山仏《にょしゅみせんぶつ》」

うわぁぁぁ！　上方一面に光の集合体がいくつも現れ、それぞれが仏さまの姿を形作っていく！　四方、そして下も上も光に包まれてしまった！　しかし、この穏やかさは何だ？　正直なところ、「お釈迦さまだけでなく、他の多くの仏さまたちも、阿弥陀さまの教えが真実であると説き、讃えておられる」と英月さんから聞いて、上から目線で説かれるのか？　形式的、儀式的に讃えているのか？　と思った。しかし実際はまったく違った。お釈迦さまは、同じ言葉を淡々と繰り返されただけだった。

「私が今、阿弥陀仏の不可思議の功徳をほめたたえているように、東方の世界にもガンジス河の砂の数ほどの諸仏がおられ、広く長い舌を出し、遍く三千大千世界を覆っ

有梵音仏、宿王仏、香上仏、香光仏、大焔肩仏、雑色宝華厳身仏、娑羅樹王仏、宝華徳仏、見一切義仏、如須弥山仏、

如是等、恒河沙数諸仏、各於其国、出広

て、阿弥陀さまの教えが真実であると説き、ほめたたえておられる。そなたたち衆生よ、それら一切の諸仏が阿弥陀仏の不可思議の功徳をほめたたえ、護り念じておられるこの経を信ずるがよい」。

長舌相、遍覆三千大千世界、説誠実言。汝等衆生、当信是称讃、不可思議功徳、一切諸仏、所護念経。

この言葉の「東方」が「南方」になり、「西方」になり、「北方」になり、「下方」「上方」と変わっただけだった。そして、それぞれの仏さまが紹介された。そういえば、気になる言葉があった。舌を出すと言っていたが、あれは何だ？　聞き間違えたのだろうか？

「舌ですか？　はい、ベロです、この舌です」と、英月さんの声が聞こえた。声の方を見ると、舌を出し、その舌を指さしている彼女の姿があった。

「お経さんでは、「広長舌相《こうちょうぜっそう》」と説かれています。広く長い舌の相《すがた》と書く字の通り、大きな舌です。」

なんと！　聞き間違えではなかったとは。他にも気になる人たちがいたとみえて、誰かが聞いてくれたらしい。しかし、なぜに舌なのだ？

「覚えておられますでしょうか？　この説法の会座におられる方々の紹介を最初にい

たしましたが、難陀さんという方を。はい、そうです。お釈迦さまの異母弟さんです。お釈迦さまと、よく似ておられます。はい、そうです、そうです、よく覚えておられますね。仏さまとなられたお釈迦さまは、普通の人とは違うとすぐにわかる三十二のすぐれた身体的特徴があって、難陀さんは、その内の三十がお釈迦さまと同じ。そうです、仏足石として残る足の裏の模様もそうです。その他には舌が大きいという特徴もあります。それを「大舌相」や「広長舌相」といいます。インドでは舌が大きな人は嘘をつかないと考えられていたそうですが、ここでは仏さまの言葉が真実で、誰の上にも届いていくことを意味しています。」

なるほど、聞き間違えたかと思っていたが、そうではなかったのだ。舌にそんな意味があったとは驚きだ。東方には東方の、南方には南方の、西方には西方の、北方には北方の、それら四方、そして下方も上方も、ガンジス河の砂の数ほどの無数の仏さまたちがおられ、大きな舌を出して説いておられる。滑稽といえば滑稽だが、言葉が真実であり、誰の上にも届くという意味か。

こうして今、光に包まれ、仏さまのお姿に囲まれていると、興味本位で仏さまたちの口元に目がいってしまう。しかし、はっきり言ってよくわからない。なぜなら、仏像であるとか、絵像であるとか、なんなら役者さんが扮しているような、そういう実在的な姿ではないからだ。四方も下も上も光に包まれているが、その中でも特に光が集中し、光の塊のようになっている部分が無数にある。それらが仏さまだ。

お釈迦さまは、それら「一切の諸仏が阿弥陀仏の不可思議の功徳をほめたたえ」ていると、繰り返し仰っていた。そして、それら一切諸仏の舌が大きいとも。つまり、一切諸仏の言葉が真実だということになり、「阿弥陀仏の不可思議の功徳」も真実であるということになる。…………ちょっと待て！　ということは……。自分は今、真実に包まれていることにならないか？　あぁ、だからか。だから穏やかなのだ。真実だから、安心していられるのだ。

職場、家庭、地域社会などなど、それらに真実はないとは言いたくない。けれどもとても小さな社会であるパートナーとの関係であっても、そこに真実はあるのだろうか。それぞれの価値観によって、さまざまなことを量る。それが言葉や行動によって現われる。それがお互いに合うときはいいが、合わないとき、合わないことが認められないとき、関係は破綻する。いや、自分は破綻した。

自分たちの根っこにあるのは、自分の価値観や都合だ。そんなものは、時と場所、縁によって簡単に変えられていく。真実ではないからだ。だから、不安なのだ。不安だから、怒り、悲しむのだ。あぁ、光に包まれている今、なんて穏やかなのだ。この穏やかな安心感は、今まで味わったことのないものだ。自分は今、真実に包まれ、ガンジス河の砂の数ほどの仏さまたちに護られている。

5　いのちの事実

「皆さまと共に旅しております『阿弥陀経』、この『阿弥陀経』はここにおられる一切の諸仏の方々によって「護り念じておられる」お経さんであると、お釈迦さまが繰り返し仰っておられましたが、聞き取れました？　光に圧倒されて、言葉が耳に入らなかった？　そうですよね、まるで次々打ち上げられる花火のように光が現れ、気づいたら包まれていますからね。驚きますよね。

お釈迦さまは、「そなたたち衆生よ、それら一切の諸仏が阿弥陀仏の不可思議の功徳をほめたたえ、護り念じておられるこの経を信ずるがよい」と仰っていましたが、実はここには、とても大事なメッセージが隠されています。

阿弥陀さまはその昔、法蔵菩薩という名前でした。その時に、生きとし生けるもの、すべてを救いたいとの願いを起こし、この願いがかなわなければ、仏さまになりません！と、誓われました。そうです、願いが誓いになったのです。その数は四十八個ありました。ちなみに、このあたりのことが詳しく説かれているのが『仏説無量寿経』というお経さんです。

さて、その四十八個の誓いの十七番目「諸仏称名之願」は、一切の諸仏が私の名前、つまり阿弥陀さまの名前を称えなければ、私は仏さまになりません、という願いであり誓いです。

どうです？　この『阿弥陀経』でお釈迦さまが、「それら一切の諸仏が阿弥陀仏の不可思議の功徳をほめたたえ、護り念じておられるこの経を信ずるがよい」と仰っていましたが、重なりませんか？　そうです！　誓いが実現しているんです。

私たちは今、四方、そして上下と諸仏に包まれていますが、これは阿弥陀さまとなられた法蔵菩薩の誓いが実現したと、諸仏によって証明されている、そのただ中にいるということです。

それだけではありません、その誓いの目当てである「生きとし生けるものの救い」が実現したことも、諸仏によって証明されています。はい、そうですね。今「それは、私の救いが実現しているということですか？」と聞かれた方がおられましたが、そうだと思います。

はい、何でしょうか。「でも私は救われていない」ですか。どうでしょうか。それは今、ご質問くださった方が、救われていることに気づいていないのではなく、ご自身が思っておられる「救い」と、阿弥陀さまが誓われて実現した「救い」が異なっているのではないでしょうか。

私が決めつけることではないですが、私たちが思う「救い」は、「健康になって」「いい仕事に就いて」「みんな仲良く」など、今の自分と比べて違う状態になることだと思っていませんか。それに対して、阿弥陀という量ることの無いという事実を知ることで得られる救いは、量ることからの解放であり、比べることからの解放です。まったく質が違うのです。

そうです、仰るとおりです。そうは言っても、私たちが生きている世間は違います。様々な価値観の中で、あらゆることを量って生きています。他者と比べ、自分の過去とも比べ、落ち込んだり、時に浮かれたり。

でも、どうでしょうか？　今、四方、上下を諸仏と、その諸仏が阿弥陀さまを称える声に包まれ、何が思い出されます？　何に気づかされます？　そうです。事実です。私の救いが実現しているという事実です。

それは、ここにいる間のことだけではありません。皆さんが、このツアーから帰られ、日常の生活に戻られても、思い出すところに、いつでも確認できる事実です。その事実を知って踏み出す一歩は、きっと今までの一歩とは違う一歩になるはずです。「迷わない一歩になる」ですか？　そうですね。残念ながら、迷い続けることになると思います。けれども、迷っているのは私の思いであり都合で量っているからだという事実を知って踏み出す一歩は、安心して迷っていける一歩ではないでしょうか。はい、あぁ、覚えてくださっているんですね。嬉しいです。

今、それはツアーが始まる前に聞いた〝船〟のことかと聞いてくださった方がおられました。皆さん、覚えておられるでしょうか。親鸞聖人の「難度海を度する大船」という言葉を。

親鸞聖人は出遇われた教えのはたらきを大きな船に譬え、問題を無くして救われるのではなく、問題を抱えたままで救われていく教えだと受けとめられました。

そして、その大きな船を最初に見つけられたのが、お釈迦さまだと申しましたが、安心して迷っていける一歩とは、船に乗って進む一歩とも言えますね。はい、気になることがある、ですか？　何でしょう。一切諸仏が「護り念じる」お経さんってどういう意味か、ですか？　大事なことをお聞きくださり、ありがとうございます。それはこの『阿弥陀経』でちゃんと説かれています。」

そう英月さんが言い終わると、光の中にお釈迦さまのお姿が浮かび上がった。

「舎利弗よ、汝はどのように考えるか。なぜにこの経を、一切諸仏が護り念じる経というのか。」


舎利弗、於汝意云何。何故名為、一切諸仏、所護念経。


お釈迦さまは舎利弗さんに尋ねられたが、今回も答えを待たずに、すぐに言葉を続けられた。

「舎利弗よ、もし善男子《ぜんなんし》・善女人《ぜんにょにん》がいて、このように諸仏がほめられる阿弥陀仏の名

舎利弗、若有善男子

と、この経の名とを聞く者は、一切の諸仏によって共に護念され、みな、この上ないさとりである、阿耨多羅三藐三菩提《あのくたらさんみゃくさんぼだい》を得て、退くことがない。ゆえに舎利弗よ、汝《なんじ》等《ら》みな、私が説いたこの言葉と、諸仏たちが説かれることを信じて受け入れるべし。」

善女人、聞是諸仏所説名、及経聞者、是諸善男子善女人、皆為一切諸仏、共所護念、皆得不退転、於阿耨多羅三藐三菩提。是故舎利弗、汝等皆当、信受我語、及諸仏所説。

え？　どういうことだ。一切の諸仏の方々によって護り念じ、これはお経さんでは「護念《ごねん》」といわれているが、護られているのは他でもないこの『阿弥陀経』というお経さんである。だから『阿弥陀経』を、一切諸仏が護り念じる経ともいう。ここまではわかる。

しかしここでは、阿弥陀さまの名前を聞いた者、『阿弥陀経』という名を聞いた者も、一切の諸仏によって護念されるという。お釈迦さまが今、説かれたこの言葉、これは……。自分が思ったことと同じではないか！

「自分は今、真実に包まれ、ガンジス河の砂の数ほどの仏さまたちに護られているのだ」と。なんてことだ！　仏さまに護られていると思ったが、まさかそのことがお釈迦さまの口から説かれるとは！　いや、違う。あれは思ったのではない、知らされたのだ。護られているという事実を、今も自分を照らしているこの光によって知らされたのだ。

「阿耨多羅三藐三菩提とは、仏さまのさとりの智慧をいいます。今回のツアーでいえば、私たちが旅をしているのは、まさに「仏さまのさとりの智慧」の世界ではないでしょうか。」

英月さんの声が静かに聞こえ、自分自身が少し興奮していたことに気づかされた。恥ずかしい思いがしたが、興奮するなという方が無理である。自分のいのちの事実に触れたのに、興奮しない人などいるのだろうか。

彼女は静かに言葉を続けた。

「色々と珍しいものを観てきましたが、貫かれていたのは「量ることの無い」ということです。それが、阿弥陀さまの世界です。お釈迦さまは「阿弥陀さまの名前を聞いた者、『阿弥陀経』という名を聞いた者が阿耨多羅三藐三菩提を得られる」と説かれました。言葉を換えれば、それらの人たちは「量ることが無い」という事実に出遇った者とも言えるのではないでしょうか。」

ここでふと、疑問が生じた。質問するのは苦手だが、これだけはハッキリと聞いておきたかった。

「質問があります。阿弥陀さまの国に生まれることができるのは、命を終えた時だと聞きました。私たちには煩悩があるので、これは仕方がないというより、当然のことだと思います。しかし、アノクタラサンミャクサンボダイは、阿弥陀さまの名前を聞いた者、『阿弥陀経』という名を聞いた者が、今、得られるということですよね？ということは、阿弥陀さまの国には生まれていないけれども、生まれたら得られる御利益みたいなものを、先取りして貰えているということでしょうか？　だから「行きたいと思ったときに来てくれるのが阿弥陀の国」なのですか？」

英月さんは目を見開き驚いた表情をしたが、すぐに満面の笑顔になって、「嬉しいです」と言ってくれた。そして、自分からは見えない参加者たちに向かって話し始めた。

「今回、ご縁をいただいた皆さんと、『阿弥陀経』というお経さんを旅して参りました。どうでした？　楽しんでいただけました？　はい、そうですね、旅はまだ終わっておりませんが、ここまで旅をしてきていかがです？

阿弥陀さまの国に、今度は住人となって住みたいなと、思われました？　阿弥陀さまの国といっても、朝から晩までお説法を聴かされるんだから、住みたいとは思わない。そう仰った方が何人かおられましたが、皆さん正直ですね。

さて、阿耨多羅三藐三菩提とは「仏さまのさとりの智慧」であり、「この上ないさとり」という意味です。このさとりを得ることができるだけでなく、さとりを得る前に後戻りすることがないと、お釈迦さまは説いておられますが、誰のことかと言うと、阿弥陀さまのお名前と『阿弥陀経』というお経さんの名前を聞く者です。

今、訳がわからんと、仰った方がおられましたが、確かに訳がわかりませんよね、どうしてそんなことが起こるのか。ダイエットでさえもすぐにリバウンドするのに、さとりから後戻りしないなんて、ありえない！と仰った方もおられました。はい、私、地獄耳です。

そうですよね、そんなことが出来るなんて、努力がすごいのか、それとも根性がすごいのかと思いますが、お釈迦さまのお言葉によると、「諸仏によって護念されているから、二度と迷いに後戻りしない」のです。そうです、こちらの努力や根性にかかわらずです。

はい、ギフトですか？　そうですね、確かにそうです。努力によって手に入れるのではなく、いただいているんですね。世間の価値観という荒波の中で溺れそうになりながら、他人と比べ、自分自身の過去とも比べ、自分で自分のいのちを量っている私たちへのギフト。それは、いのちの真実を知らされるということです。

いのちの真実とは、量ることの無いいのちだということ。そして、そうは言っても、ついつい量ってしまう私の頑なな価値観や思いを破るのが、今、私たちを包んでいる真実の光です。破られるのは、ここにいる間のことだけではありません。日常に戻っても、仏さまを念じることで、私の価値観や思いも破られるのです。

はい、残念ながら、一度破られたから大丈夫、ではありません。すぐに自分の価値観が真夏の入道雲のようにむくむくと生まれ、真実の光を覆ってしまいます。だから、仏さまを念じ続けるのです。

そして、仏さまを念じるお念仏も、仏さまからいただいているギフトです。そして、そのギフトをいただくことで、阿弥陀さまの国ではなく、地獄のような世界を生きている今、自分の価値観や頑なな思いも破られ、量ることから解放されるのです。まさに、阿弥陀さまの国に生まれたらもらえる御利益を、先取りしてもらっているようなものです。」

そう言うと英月さんは、言葉を噛みしめるように何度も頷くと、自分の方を見て優しく微笑んでくれた。

6 未来に願いを発す者

舍利弗、
若有人、已発願、今発願、当発願、欲生阿弥陀仏国者、是諸人等、皆得不退転、於阿耨多羅三藐三菩提、於彼国土、若已生、若今生、若当生。是故舎利弗、諸善男子善女人、若有信者、応当発願、生彼国土。

「舎利弗よ」と、お釈迦さまの声が響いた。

「もし人があって、すでに願いを発《おこ》し、今、願いを発し、或いはこれから願いを発して、阿弥陀さまの国に生まれたいと欲《おも》う者たちはみな、一人ももれることなく、阿耨多羅三藐三菩提から後戻りすることはないであろう。阿弥陀さまの国に、すでに生まれ、今、生まれ、これから生まれるであろう。このゆえに舎利弗よ、善男善女があって、我が言葉や諸仏の説かれる教えを信じる者は、願いを発して、かの阿弥陀さまの国に生まれるがいい。」

ここで改めて、阿弥陀さまの国に生まれたいと願えとのお釈迦さまの言葉は、もはや、説法ではなく、親心のように心に響いた。

自分の経験と軽々と同じにはできないが、添乗員としてツアーに同行する時、自由行動の前に参加者に言うことが思い出される。「危ない場所には絶対に行かないでください」という、お決まりの言葉だ。入社当時は、ツアー参加者がトラブルに巻き込まれ、それによって仕事が増えることが嫌で言っていたところもあった。しかし経験を積むことで、参加者たちが怖い思いをしたり、怪我をしたりすることが悲しく、そんな思いは決してしてほしくないと気持ちが変わっていった。

そんな自分の思いと、お釈迦さまのお心は同じではない。しかし、お釈迦さまにノルマがあるとは思えない。ノルマとは、阿弥陀さまの国に生まれたいと願う人を集めるというノルマだ。私たちが、阿弥陀さまの国に生まれたいと欲《おも》おうが、欲わないでいようが、関係ないのである。

なのに、お節介にも勧めてくださる。それは損得を超えた願い、なのかもしれない。自分の価値基準で損得や勝ち負けを量ってばかりいる、そんな私たちの姿を悲しく思われて、どうか阿弥陀さまの国を願ってくださいと呼びかけてくださっている。自分には、そう聞こえた。あれ？　ということは……。方向性が与えられているということか？　人生には色々なゴールがある。健康で長生きや、会社での出世、金銭的な豊かさ、そして家庭円満などなど、それらを目指し、今できることをやっていく。当たり前のことだ。しかし方向性が与えられるとは、それとはまったく違う。自分で目指すゴールを設定するのではなく、すでにゴールが与えられているのだ。ゴールとは、阿弥陀さまの国であり、量ることの無いという、いのちの事実である。

そんなゴールは、正直、望んでいなかった。自分が望むことは、健康であり、社会的地位であり、金銭的豊かさであり、パートナーは……、まぁ、パートナーのことはいい。しかし今、想像さえしなかったものが、与えられているのだ。そして、与えられたものは、望んでいたものをはるかに超えている。

「お釈迦さまのお説法のお言葉のひとつひとつについて、お話ししませんが、この言葉だけは話させてください。」

珍しく英月さんから話し始めたが、いったい、どんな言葉が気になったのだろう。

「「すでに願いを発し、今、願いを発し、或いはこれから願いを発して、阿弥陀さまの国に生まれたいと欲う者たちはみな」とお釈迦さまが仰いましたが、これはお経さんの本には「已発願《いほつがん》、今発願《こんぽつがん》、当発願《とうほつがん》」と書かれています。

つまりここには、過去の人、現在の人、そして未来の人が登場しています。はい、未来の人もです。ここが凄いなと、私自身、驚くと共に感動しましたので、皆さんと共有したいと思って、お話しさせていただくことにしました。と申しましたが、長々とはお話ししません。未来の人って、誰？　ということです。

お釈迦さまのお言葉だと、これから願いを発す者となります。つまり、今はまだ願いを発していない者です。はい、そうです。凄いでしょって、私が発した願いではありませんが。そうですね、私も、未来の人とは私自身のことだと、受けとめました。

さて、こうして皆さんとご一緒に、阿弥陀さまの国をツアーするご縁をいただきましたが、では私はどうなのか？　阿弥陀さまの国に生まれたいと欲《おも》っているのかと問われれば、今すぐ行きたいとは欲《おも》えないのです。決して、今に満足している訳ではありません。不平、不満、愚痴、たくさんあります。悲しいことも、イライラすることも起こります。それでも……。

そうですね、皆さんとのお付き合いも長くなりましたね。正直な話をしましょう。私は、量ることがやめられないのです。私自身が意識していることではありません。けれども、きっと、量りたいのです。なぜなら、私がした努力は、私が一番知っているからです。それだけではありません、色々な経験、そして経験から得た考え、それが正しいとの思い。量ろうと意識せずとも、他者と自分を量っています。浅ましい、恥ずかしいと思っても、量っているのです。そして、そうして頑張った自分を認めてほしいのです。褒めてほしいのです。よく頑張ったと、頑張った私を褒めてほしい。そんな私が、量ることの無いという阿弥陀さまの国に生まれたいとは、どう頑張っても欲《おも》えないのです。

でも、です。お釈迦さまは、この『阿弥陀経』で、どう説いておられるのか？　これから願いを発す者も、なのです。今、願いを発すことができない私をも包み込んでくださっているのです。その事実に圧倒され、心が震えたので、皆さまにお話しさせていただくことにしました。ご清聴ありがとうございました！」

最後の「ご清聴ありがとうございました」を、冗談めかして明るい口調で言った英月さんだったが、話しの内容は自分にはとても響いた。自分自身もそうだからだ。阿弥陀さまの国に生まれたいと欲うという発想さえ、このツアーに参加するまでなかった。しかし、そんな自分でさえ、何なら、このツアーに参加していない人であっても、未来の人の一人なのだ。その事実は、衝撃でさえあった。

「はい、何でしょうか？」誰かが質問したのだろう、英月さんが熱心に頷きながら耳を傾けている。しばらくすると、みんなに向けて話し始めた。

「お経さんに「善男子善女人《ぜんなんしぜんにょにん》」という言葉が出てくるが、その順番が気になると仰った方がおられました。はい、そうです。供養のところでも、順番付けをしないという話をしていたのに、そして今も、量る、量らないという話をしているのに、いつも男が先とはどういうことかと。よく、お説法を聞いておられましたね。

『阿弥陀経』に「善男子善女人」はこれを含めて四回も出てきましたが、「善女人善男子」は一度も出てきません。これは、私自身も聞いたところの話ですが、実は、基になったインドの経典においては「善女人善男子」なのだそうです。なぜなら、女性は子どもを産むから優先させるのだとか。しかし、その経典が儒教の影響を受けた中国で翻訳されたので、「男」が先になったそうです。」

なるほど、四回も出てきていたというのに、自分はさして気にも留めていなかった。改めて、量るということの根深さを知らされたようだ。あれ？　自分を包む光が、一段と強く輝いた気がする。

「舎利弗よ、私が今、四方そして上下におられる諸仏が、阿弥陀仏を信じ受け入れることをお勧めになる、この不可思議の功徳を称賛した。それと同じように、かの諸仏たちもまた、私の不可思議の功徳を称《たた》えて、次のように宣《の》べられる。「釈迦牟尼仏は、よく甚《はなは》だ説き難《がた》き法《みのり》を説き、遇い難い希有《けう》の法に遇わさしめ、娑婆《しゃば》国土の五濁悪世《ごじょくあくせ》、劫濁《こうじょく》・見濁《けんじょく》・煩悩濁《ぼんのうじょく》・衆生濁《しゅじょうじょく》・命濁《みょうじょく》の中において、阿耨多羅三藐三菩提を得て、もろもろの衆生のために、この一切世間のために、信じ難き法を説きたまう」と。」

舎利弗、如我今者、称讃諸仏、不可思議功徳、彼諸仏等、亦称説我、不可思議功徳、而作是言。釈迦牟尼仏、能為甚難、希有之事、能於娑婆国土、五濁悪世、劫濁、見濁、煩悩濁、衆生濁、命濁中、得阿耨多羅三藐三菩提、為諸衆生、説是一切世間、難信之法。

◇

光が強くなったと思ったのは、諸仏がお釈迦さまを称えておられたからだったのか。専門用語だろうか、難しい言葉が続いたので、内容がよくわかったとは言えないが、お釈迦さまが諸仏を称え、そして諸仏もお釈迦さまを称えておられる、そういったことを説いておられたように思う。

自分の心が狭いのかもしれないが、他者を称えるのは難しい。少なくとも、自分はできない。いや、称えるフリはできるだろう。しかし、きっと目は笑っていない。頼の筋肉が引きつっているかもしれない。なぜなら嫉妬が邪魔をするからだ。嫉妬の根っこには、量っている自分がいる。自分と他者を量り、自分より世間に評価された人を羨ましく思い、妬む。

あ！　だからか！　お釈迦さまも諸仏も、阿弥陀さまの国を勧めてくださっている方たちだ。言葉を換えれば、量ることの無い世界に出遇った方たちともいえる。その方たちと自分の違いは、阿弥陀さまが中心になっているのか、量っている自分が中心かの違いだ。そして、何を中心にするかで、周囲との関係が変えられていく。量っている自分は、周囲を嫉妬する。

お互いを称え合うことが成り立つのは、量ることの無い阿弥陀さまが中心だからだ。妬み合う世界と、称え合う世界。嗚呼、なんてことだ！　阿弥陀さまが中心になることで、世界はまったく変えられてしまう！

「はい、そうですね。聞いたことのないような言葉が続いたので、戸惑っておられる方もおられますね。簡単に言葉だけ当たっておきますね。」

英月さんはそう言うと、パーにした右手を掲げた。

「私たちが生きているこの娑婆世界には、五つの濁りがあると言われています。その一つが、劫濁《こうじょく》です」。そう言うと、親指を折り曲げた。

「劫濁とは時代の濁りです。天災、戦争、それに病気など、色々な災いの濁りが溢れる時代のことをいいます。次が見濁《けんじょく》です」。そう言って、親指に重ねるようにして、人差し指を折り曲げた。

「衆生、これは生きている人々ですね。この人たちが悪い見解を起こすことです。思想の濁りとも言います。そうですね、仰るとおりだと思います。自分の都合で量っていると、どうしてもそうなってしまいますね。三つ目は、煩悩濁《ぼんのうじょく》です」と言って、中指を折った。

「煩悩が暴れ狂って、衆生の心を悩ますことが盛んなこと、これが煩悩濁です。四つ目は衆生濁《しゅじょうじょく》。はい、先ほど見濁で登場した衆生です。見濁は思想の濁りでしたが、衆生濁は生きている衆生の濁りです」。そう言うと、薬指を折った。

「思想だけでなく、種々の濁りが衆生の心身の上にあるということです。そして最後が、命の濁り、命濁《みょうじょく》です」と言って小指を曲げた。

「時代が濁り、それによって思想も濁っていく、思想だけでなく荒れ狂う煩悩に心も濁り、種々の濁りが心身の上にある、すると命も濁っていくということです」。そう言うと、グーになった右手を静かに下ろして、言葉を続けた。

「これが五濁悪世といわれる濁りです。その中で生きている私たちに、お釈迦さまがいのちの真実について説いてくださっていても、濁っているから、見えないのです。

はい、そうですね。譬えるなら、そんな状況だと思います。今、泥水の中で泳いでいるようだと仰った方がおられましたが、まさにそうだと思います。これが大事だよと言われても、見えないのです。

はい、そうです、その通りです。見えないということは、本当に大事なものがわかっていないということです。するとどうなるか？　本当でないもの、大事ではないものを、大事だと思ってしまうのです。仏教者の安田理深《りじん》という方に、「本当のものがわからないと本当でないものを本当にする」という言葉がありますが、どうでしょうか？　私たちが人生において大事だと思っているもの、これこそ本当に大事だと思っているもの、それは本当に大事なものでしょうか？」

健康、社会的地位、お金、と、自分の左手を見ながら、親指から順に数えるように指を折っていった。薬指に差し掛かったとき、パートナーという言葉が浮かんだが、思い直して曲げかけた指を真っすぐに戻した。

大事だと思っていたパートナーも本当ではなかった。社会的地位など、たかが知れているし、退職すれば何もない。そもそもあるのかさえ疑わしい。健康も永遠ではないし、お金もあれば便利だが、争いの元にもなるやっかいなものだ。はぁ、濁りの中を生きていると言われて最初はカチンときたが、確かにそうだ。

「だからでしょうね。五濁といわれる濁りの中で、本当に大事なものがわからず、たとえば健康であるとか、お金であるとか、そういったものが本当に大事だと信じて疑わず握り続けている私たちだからこそ、お釈迦さまはお出ましくださったんでしょうね。お釈迦さまが説いてくださる教えは、私たちが信じることは難しい、それもわかった上で説いてくださっている……。はい、そうですね。だから、諸仏がお釈迦さまのことを、称えてくださっているんだと思います。」

英月さんの言葉が終わると、お釈迦さまの声が聞こえた。

7　ふたたび会座へ

「舎利弗よ」と、呼び掛けられた、その時だ。四方、そして上下から自分を包んでいる光が消えたと思った次の瞬間に、舎衛国にある祇樹給孤独園、祇園精舎のお釈迦さまの説法の場に戻っていた。

舎利弗、

千二百五十人の大比丘や菩薩、天の神々の姿も見え、その変わらない光景に思わず懐かしさを覚えたのは、長く旅をしていたように感じたからだろう。けれども、あっという間のことだったようにも思う。あらためて、自分がどう感じるか、どう思うか、それがアテにならないものだと知らされ、ドキッとする。

さて、「舎利弗よ」と呼び掛けられたお釈迦さまは、まるでこの場所から微塵も動いていない様子で「まさに知るべし」と言葉を続けられた。

当知我於。

「私は五濁悪世において、この難事を行じて、阿耨多羅三藐三菩提を得て、一切世間

五濁悪世、行此難事、

のために、この信じるのが難《かた》い法を説いているのである。これが甚《はなは》だ難しいのである」。

得阿耨多羅三藐三菩提、為一切世間、説此難信之法。是為甚難。

お釈迦さまの言葉は意外だった。この旅も終わりに近づいた今、なぜ難しいと繰り返されるのか。この言葉がお釈迦さまから出たのでなければ、愚痴とも受け取れるが、愚痴などの煩悩から解放された存在だ。

いや、ちょっと待て、自分にとってお釈迦さまは諸仏にも称えられるような存在だが、そもそも自分と同じではなかったか？

同じというのは僭越《せんえつ》かもしれない、お釈迦さまは釈迦族の王子様だったのだから。けれども、生まれた場所は自分と同じ五濁悪世の真っただ中だ。何の違いがあろうか。自分と同じ五濁悪世に生まれ、その中を生き、そしてその中で、アノクタラサンミャクサンボダイといわれるさとりを得られたのが、お釈迦さまだ。そのお釈迦さまがしたことって何だ？　仏教をつくったのか？　いや、違う。

このツアーのオリエンテーションで、英月さんが言っていたじゃないか。「仏教という教えをつくったのは、お釈迦さまではありません。お釈迦さまがお生まれになる前から、仏教はありました」って。

では、お釈迦さまは何をした人だ？　そうだ！「お釈迦さまは、もともとあった法則に気づかれ、それによって目覚め、そしてその法則を明らかにしてくださった」んだ！　それを、この五濁悪世の中でやってのけた。確かに、「甚だ難しい」とお釈迦さまがご自身で仰るのもわかる。

ちょっと待て、ここでわかったつもりになっている場合ではない。お釈迦さまがつくったのであれば、これはお手上げだ。自分がお釈迦さまと同じことができるはずもない。知性だけでなく、苦行に耐える身体能力と根性があるとは思えない。いや、よしんばあったとしよう、しかし二十一世紀の日本で会社勤めをしながら、どこで苦行をするのだ？　現実離れも甚だしい。しかし、違うのだ。お釈迦さまがつくったのではなく、法則を明らかにしてくださったのだ。つまり、お釈迦さまと同じことをして、お釈迦さまになるのがゴールではなく、ゴールは既に与えられている。

そしてお釈迦さまが法則を明らかにしてくださったおかげで、自分たち「未来の人」も、五濁悪世の中で迷いを超えていける。けれども、それはとても難しい。確かにそうだ、自分たちは泥水の中を泳いでいるのだから。

そして、お釈迦さまも同じ泥水の中を泳いでおられた。その中で、「本当のもの」に出遇われた。「本当のもの」とは、「いのちの真実」だ。「量ることの無い」という阿弥陀さまのはたらきに出遇われたのだ。お釈迦さまが出遇うことができた阿弥陀さまに、みんなも出遇ってほしい。その思いで、この『阿弥陀経』を説いてくださった。きっとそうに違いない。

いや、少なくとも、自分にとってはそうだ。そのお説法の最後で、難しいと繰り返されるのは、五濁悪世に生きる、泥水の中を泳ぐ、その辛さ、悲しさ、不安、迷い、それらをお釈迦さまご自身が知っているということではないか。

しかし、大丈夫だ。「本当のもの」はあるのだ。自分を包んでいた光は消えたが、念じるところに思い出せる。出遇うことができる。難しいというのは、自分という存在の事実が言い当てられているのであって、自分が否定されているのではない。存在の事実とは、お釈迦さまになることができないだけでなく、お釈迦さまが明らかにしてくださった法則さえ信じることができない自分だということだ。それをすべてわかった上で『阿弥陀経』を説き、難しいと呼びかけてくださっているのだ。そうだ！これは自分に向けた、お釈迦さまからのエールだ！

「お釈迦さまのお説法はここまでです」という英月さんの声に、ハッと現実に引き戻された。自分はまだ、祇園精舎のお釈迦さまの説法の座にいた。

第5章　散会

「お経さんは、お釈迦さまのお説法の記録です。「間違いのない真実を聞いた」人が、それを、そのまま、ありのまま、自分の主観をまじえず、正しく、まちがいなく聞いたままに述べられたのが、お経さんです。ですので、お釈迦さまのお説法が終わった後の様子も、お経さんには説かれています。

そうです、説いて終わりではないのです。お釈迦さまが説かれた教えに出遇った人たちはどうなったのか。それは願いともいえるかもしれません。教えが後の世にも伝わっていくようにとの願いが、『阿弥陀経』の最後に説かれています。それは文字にしてわずか三十四文字ですが、大事なことがギュッと凝縮されています。

仏説此経已。

さぁ、皆さん、ご覧ください。お釈迦さまが『阿弥陀経』を説き終わられた後、お説法の場にいた方々はどうなったのか。」

英月さんはそう言うと、まるで司会者がステージ上で歌手を紹介するように、きちんと指を揃えた手のひらで、お釈迦さまが座っておられる方を示した。

◇

舎利弗、及諸比丘、

そこでは先ず、舎利弗さんが、お釈迦さまに礼をすると、その場を去って行った。

それに続くように、もろもろの比丘たち、そして一切世間の天も人《にん》も阿修羅《あしゅら》たちも、礼をして去って行った。

その様子を見て、ここに凝縮されているという大事なことは何かと考えたが、謎解きのようでわからなかった。ただ、皆一様に大きな喜びに包まれていることはわかった。

一切世間、天人阿修羅等、聞仏所説、歓喜信受、作礼而去。

◇

「はい、ご覧の通りです。お釈迦さまの元から去って行かれたということは、皆さんがそれぞれの場所に帰られたということです。

キョトンとされている方もおられますね。それのどこに、大事なことがギュッと凝縮されているのかと、思われているのかもしれません。

お釈迦さまが説かれた教えに出遇った人たちは、それぞれの場所で、いただいた教えと共に生きていくのです。はい、それだけです。

「自分の場所に戻るということは、青い花は青く輝き、黄色い花は黄色く輝くってことですか？」と、お聞きくださった方がおられましたが、それは私たちが見てきた大きな花のことですね。あら、それに関して、ひとこと言いたいことがある、ですか？何でしょう。

はい、あの大きな花たちもそうだし、自分の場所に戻るということもそうだけど、それは置かれた場所で咲きなさいってことか？と、なるほど。そこで我慢しなさいと言われているみたいで、イヤだ、ですか。大事なことをお聞かせくださり、ありがとうございます。

確かにそうですね。言われて初めて気づきましたが、そうとも受け取れるかもしれませんね。お前は青色なんだから、その色で我慢しろ、他の色を望むな、とか。それぞれの場所に帰るというのも、自分の場所で我慢しろと言われているように感じるかもしれません。けれども、どうでしょうか。ご一緒に旅をした、今回のツアーを思い返してください。お釈迦さまが説いておられた、私たちが旅をした世界は、自分の思いから解放された世界ではなかったでしょうか？」

英月さんの話を聞きながら、物事の受けとめ方は人それぞれだと感心してしまった。同じ場所に旅をし、同じものを見、同じ話を聞いていたのに、我慢しろと言われている。そう、受け止める人がいるとは驚きだが、この旅で自分が受け止めたことも他人からすれば驚きの内容かもしれない。

あぁ、だからなのか。オリエンテーションでは聞いていたが、今、ハッキリとわかった。舎利弗さんに何度も、何度も、呼び掛けられた意味が。

そのまま、ありのまま、見ること、聞くことのなんと難しいことか。しかし、どうだろう？　舎利弗さんを始め、お釈迦さまに礼をして、それぞれの場所に帰られた方たちの姿は、我慢を強いられた表情ではなかった。毛穴からにじみ出るような嬉しさが、見ている自分にまで伝わってきた。あの喜びの元はいったい、何なのだろう。

◇

「旅の最後の最後にですが、ちょっとゴシップのお話をしますね」。そう言うと英月さんは、いたずらっぽく笑った。

「例えば、です。職場の同僚、仮に名前をキャサリンとクリスとしましょう。この二人が、付き合っているという噂を聞きます。真偽のほどはわかりません。けれども、聞いてしまった以上、聞く前には戻れません。聞いていないフリはできますが、あの二人は付き合っているんだなとの思いが頭の片隅に残ります。たまたま二人でいるところを見かけたら、ナイショの話をしているのかな？　なんて、ゲスの勘繰りをしてしまいます。二人を見る目が変わってしまうのです。

それと同じなんです。私たちは知ってしまったのです。ゴシップではなく、いのちの真実に触れてしまったのです。そのことが説かれた『阿弥陀経』を実際に旅してきた今、ツアーに参加する前には戻れません。なぜなら、いのちを見る目が、変えられてしまったからです。

先ほどのキャサリンとクリスでいえば、もし私がクリスに食事に誘われたら、彼に不信感を覚えるかもしれません。キャサリンとの一件を聞いていなければ、色々と気を回すこともなく、食事に行ったかもしれません。「クリスに食事にさそわれた」という何でもない事実の受けとめが、変えられてしまうのです。

では、これから戻る自分の場所はどうでしょうか？　それぞれの場所、これは具体的な場所だけを指すのではありません。立場という受けとめもできます。お釈迦さまのお説法のあと、その場に戻るのです。

確かに、ご指摘くださったように、諦めて置かれた場所で咲きなさい、その場で我慢しなさい、そう聞こえるかもしれません。けれどもそれは、このツアーに参加するまでの話です。私たちはいのちの真実を見てきたのです。自分の〝場〟は、ただの〝場〟です。それを嫌だと思うのであれば、それは私が量っているだけのこと。今の自分にとって、好ましいか好ましくないか、得か損か、役に立つか立たないかと、自分が思う世間の価値観で量っているのです。その思いが、量ることの無いという、いのちの真実に出遇うことによって破られるのです。現実の見え方が変えられるのです。

そうです、これから戻る自分の場所は、同じ場所であっても、その意味が変えられています。以前の場所とは違うのです。我慢する場所でも、耐える場所でもないのです。私が賜り、私が向き合う大切な場所です。誰にも代わってもらうことのできない、私の居場所です」。

◇

喜びの元は、これだったのかもしれない。自分が大真面目に考え、判断したと思っていた様々な事柄、それらは「世間の価値観で量った」ことだったのだ。つまり、自分の人生なのに、その主体は世間だった。

阿弥陀さまのはたらきと出遇うことで、その思いが破られる。つまり、自分の人生の主体が世間から解放されるのだ。それによって、自分が自分として、自分のいのちに一歩を踏み出すことができる。だから、お釈迦さまに礼をして、自分の場所に戻って行く彼らの姿が、大きな喜びに包まれていたのだ！

ということは、自分は今まで大きな勘違いをしていたことになる。宗教というものはある意味、現実逃避であり、依存する場所だと思っていたが、そうではなかったのだ。事実を直視する眼をいただき、依存から解放され、自分の足で自分の人生を歩む力を得る。だから彼らはお釈迦さまの元から、去って行ったのだ。喜びと共に、自分の場所に帰ることができたのだ。お釈迦さまに依存することなく、お釈迦さまからいただいた教えと共に歩み出したのだ。では、彼らと同じく、お釈迦さまのお説法を聞いていた自分は？　自分も同じように……。

「皆さま、『阿弥陀経』ツアー、いかがでしたでしょうか？　ご参加くださり、有難うございました。いただきましたすべてのご質問にお答えすることが出来ず、申し訳ございませんでした。またご縁が整いましたら、是非ご参加くださいませ。

と、申しましたが、もうこのツアーにご参加いただく必要はないかもしれませんね。なぜなら「行きたいと思ったときに来てくれるのが阿弥陀の国」だからです。

これからも、今回の旅を、阿弥陀さまの国を、そして阿弥陀さまを思い出してください。念じてください。念じるところに、出遇うことができます。阿弥陀さまと共に、この五濁悪世の中に一歩を踏み出して参りましょう！」

仏説阿弥陀経

エピローグ

『阿弥陀経』ツアーから帰ってきて、三か月が経った。驚くほど、何も変わっていない。当たり前だ。たかだか旅行に行ったくらいで人間が変わるのなら、添乗員などやってられない。

しかし、何かが違う。違うといっても腹を立てなくなったとか、親切な人になったとか、そういうことではない。腹が立つことが起これば、腹は立つし、親切にしたいと思えばする。もちろん、したくない時、心に余裕がない時は親切にはできない。阿弥陀さまの国に行ったからといって、特に善人にもなっていない。そもそも、そこまで悪人ではなかったハズだ。しかし、善人、悪人の違いは何だ？

あの人は良い人だと思う人は、自分の都合に良い人だ。当然、都合が変われば、悪い人に簡単に変わってしまう。それだけではない、通常、善人認定を受けるには、良い行いをしたという実績が伴う。しかし、良い行いといったところで、それはその人が思う良い行いであって、他人にとっては迷惑かもしれない。

別に、悪態をつきたいわけではない。善人、悪人の違いは、量っている人間の、都合の違い、立場の違いに過ぎないのではないか？　と、いうようなことを考えるようになった。ちょっと、小難しい人間になったのかもしれない。

ついでを言えば、そういったことを考えながら、では自分はどうなのだ？　と、自分に問うようにもなった。仕事柄、お客様はどう思っておられるだろうと、他者のことを考えるのが日常化していた自分にとっては、新鮮だ。

あぁ、そうだ、目に見えてわかる違いがあった。本だ。今までも読書家と自負していたが、せっかくなのでツアー帰りに貰ったリストを参考にして本を選ぶことにした。一楽真という大学の先生が書いた『阿弥陀経入門』という本はすぐ手に入ったが、柏原祐義という人の『浄土三部経講義』はてこずった。ネットの書店で見つけたが一万円を超えた額に恐れおののき、ポチることができなかった。その後、たまたま通りかかった古本市で、手ごろな値段で購入できたのは幸運であった。ただし手に入れた本が発行されたのは昭和二年（一九二七）。今から百年近く前ということもあり、言葉遣いや文字が古く、また専門書であるため、初心者の自分にとっては読みにくい。しかし、悪くない。初版は明治四十四年（一九一一）だが、自分の手元にある昭和二年の時点で二十三版と版を重ねていて驚く。多くの人たちに長く読み継がれてきた事実は、人々に求められ、必要とされ、そしてその内容が人々の上に実現した事実でもある。

長く読み継がれてきたといえば、お経は桁違いの実績を誇る。実はそのお経、今回旅をした『阿弥陀経』をお勤めするようになってしまった。まさに〝しまった〟である。日々の生活に、そのような時間を組み込むなど、自分の意思ではしない。想像も、思いつきもしなかったことだ。

最初はふとした出来心であった。旅をした場所が気になったのだ。ネットで検索すると『阿弥陀経』の全文が簡単に見つかったので、それを印刷し、自分で簡単なお経本をつくってみた。節回しはYouTubeで検索した、宗派によって音程やリズムが違い、そんな小さな発見も面白かった。そうして、YouTubeを見ながら『阿弥陀経』を声に出して読んでいたが、だんだん落ち着かなくなってきた。カラオケの練習ではないのだ。そこで、福井で買った越前和紙の無地の葉書に、筆ペンで「南無阿弥陀仏」と書いてみた。そしてその紙を、ポストカードを飾っていた額に入れ、リビングの飾り棚の一番上に置き、それに向かって『阿弥陀経』をお勤めしたところ、しっくりきた。

以後、毎日ではないが、気が向けばお勤めをするようになった。さらに気が向けば、花を買い、その前に供えるようになった。蝋燭の代わりに、いい香りのするキャンドルも置いた。そしていつしか、朝夕、その前で手を合わせるようになっていた。英月さんの言葉ではないが、阿弥陀さまを念じるようになっていた。これは衝撃であった。インテリアに強いこだわりのある自分が、部屋にそんなものを置くなんて！　おまけにその前で、手を合わせるなんて！　人生、何が起こるかわからない。これは今までの人生の中でも、最大級の変化といってもいいだろう。

しかし、それによって何が変わったかと問われれば、何もないのだ。先日など、手を合わせた直後に、リビングのソファーの角に足の小指をぶつけ、激痛に悶絶した。会社での出世も頭打ち状態で、プライベートでの新しい出会いもない。はっきり言って、目に見えてわかる良いことなど何もない。

しかし、何かが違うのだ。小指をぶつけたとき、バチがあたったとは思わなかった。幼少期に祖母といる時間が長かったせいか、何か悪いことが起こると、バチがあたったと思うことが半ば習慣化していた。そして、過去の自分の言動から、その原因を探し出していた。今回でいえば、「南無阿弥陀仏」と書いた紙を部屋に飾ったことでバチがあたったのでは？　置いた方角が悪いのでは？　供えた花の色が悪いというメッセージでは？　等々である。何なら、別れたパートナーに辛くあたったバチか？　等、想像、妄想は、果てもない。

しかし、事実は何か？　小指をソファーの角にぶつけた、これだけである。もちろん、ソファーのせいではない。しかし、ぶつかったのが人間だと、こうはいかない。ぶつかったはずみでケガでもしようものなら、ことによると裁判にもなりかねない。お互いが被害者だと主張し、相手を加害者だと罵るだろう。しかし事実は何か？　ケガをしている、これだけだ。相手が故意に自分を傷つけたのでも、自分で自分を傷つけたのでもない。その事実に立つことで、被害者からも、そして加害者からも解放されるのではないか？　世間の中、お釈迦さまは五濁悪世と言っていたが、その中で生きているのだから、そこにはそこのルールがある。何も裁判をしてはいけないという意味ではない。しかし、その世間を包み込む、大きな阿弥陀という世界があるのだ。そして自分は、そこに旅をしたのだ！

写真はない。しかし「南無阿弥陀仏」の文字を見ると、珍しい鳥たちや、大きな蓮の華、かぐわしい香り、そして、そこに住む人々の姿が鮮明に思い出される。おっと、もうこんな時間だ。今日から二泊三日のツアーの添乗だ。

マンションの火の元と窓の戸締りを確認し、ラピスラズリの念珠を手に「南無阿弥陀仏」の前で手を合わせた。これは先日、仕事で行った京都で求めたお気に入りの念珠だ。この深い藍色の石を見て、極楽が思い出されたのだ。その念珠を、小さな象がプリントされたタイシルクの小さなポーチに入れ、財布と一緒に鞄にしまった。そして、小ぶりのスーツケースと鍵を手に玄関のドアを開けた。

行ってきます！

仏説《ぶっせつ》阿弥陀経《あみだきょう》

姚秦《ようしん》三蔵《さんぞう》法師《ほうし》鳩摩羅什《くまらじゅう》奉詔《ぶじょう》訳《やく》

　是《か》くの如《ごと》く、我聞《われき》きたまえき。一時《ひととき》、仏《ぶつ》、舎衛国《しゃえこく》の祇樹給孤独園《ぎじゅぎっこどくおん》に在《まし》まして、大比丘衆《だいびくしゅ》千二百五十人《せんにひゃくごじゅうにん》と倶《とも》なりき。皆是大阿羅漢《みなこれだいあらかん》なり。衆《しゅ》に知識《ちしき》せられたり。長老舎利弗《ちょうろうしゃりほつ》、摩《ま》訶目犍連《かもっけんれん》、摩訶迦葉《まかかしょう》、摩訶迦旃延《まかかせんねん》、摩訶倶絺羅《まかくちら》、離婆多《りはだ》、周利槃陀伽《しゅりはんだか》、難陀《なんだ》、阿難陀《あなんだ》、羅睺羅《らごら》、憍梵波提《きょうぼんはだい》、賓頭盧頗羅堕《びんずるはらだ》、迦留陀夷《かるだい》、摩訶劫賓那《まかこうひんな》、薄拘羅《はっくら》、阿㝹楼駄《あぬるだ》、是《か》くの如《ごと》き等《ら》の 諸《もろもろ》の大弟子《だいでし》、并《ならび》に 諸《もろもろ》の菩薩摩訶薩《ぼさつまかさつ》、文殊師利法王子《もんじゅしりほうおうじ》、阿逸多菩薩《あいったぼさつ》、乾陀《けんだ》訶提菩薩《かだいぼさつ》、常精進菩薩《じょうしょうじんぼさつ》、是《か》くの如《ごと》き等《ら》の 諸《もろもろ》の大菩薩《だいぼさつ》、及《およ》び釈提桓因《しゃくだいかんいん》等《とう》の無量《むりょう》の諸天《しょてん》、大衆《だいしゅ》と倶《とも》なりき。

　爾《そ》の時《とき》、仏《ぶつ》、長老舎利弗《ちょうろうしゃりほつ》に告《つ》げたまわく、是《これ》より西方《さいほう》に、十万億《じゅうまんおく》の仏土《ぶつど》を過《す》ぎて世《せ》界有《かいあ》り、名《な》づけて極楽《ごくらく》と曰《い》う。其《そ》の土《ど》に仏有《ぶつまし》ます。阿弥陀《あみだ》と号《ごう》す。今現《いまげん》に在《まし》まして説法《せっぽう》したまう。

舎利弗《しゃりほつ》、彼の土《ど》を何《なに》が故《ゆえ》ぞ名《な》づけて極楽《ごくらく》と為《す》る。其《そ》の国《くに》の衆生《しゅじょう》、衆《もろもろ》の苦《く》有《あ》ること無《な》く、但諸《ただもろもろ》の楽《たのし》みを受《う》く。故《かるがゆえ》に極楽《ごくらく》と名《な》づく。

又舎利弗《またしゃりほつ》、極楽国土《ごくらくこくど》には七重《しちじゅう》の欄楯《らんじゅん》、七重《しちじゅう》の羅網《らもう》、七重《しちじゅう》の行樹《ごうじゅ》あり。皆是四宝《みなこれしほう》をもて、周帀《しゅうそう》し囲繞《いにょう》せり。是《こ》の故《ゆえ》に彼《か》の国《くに》を名《な》づけて極楽《ごくらく》と曰《い》う。

又舎利弗《またしゃりほつ》、極楽国土《ごくらくこくど》には、七宝《しっぽう》の池《いけ》有《あ》り。八功徳水《はっくどくすい》、其《そ》の中《なか》に充満《じゅうまん》せり。池《いけ》の底《そこ》に純《もっぱ》ら金沙《こんしゃ》を以《もっ》て地《じ》に布《し》けり。四辺《しへん》に階道《かいどう》有《あ》り、金《こん》、銀《ごん》、瑠璃《るり》、玻瓈《はり》をもって合成《ごうじょう》せり。上《うえ》に楼閣《ろうかく》有《あ》り、亦《また》、金《こん》、銀《ごん》、瑠璃《るり》、玻瓈《はり》、硨磲《しゃこ》、赤珠《しゃくしゅ》、碼碯《めのう》を以《もっ》て、之《これ》を厳飾《ごんじき》せり。池《いけ》の中《なか》に蓮華《れんげ》あり、大《おお》きさ車輪《しゃりん》の如《ごと》し。青色《しょうしき》には青光《しょうこう》あり、黄色《おうしき》には黄光《おうこう》あり、赤色《しゃくしき》には赤光《しゃくこう》あり、白色《びゃくしき》には白光《びゃっこう》あり、微妙香潔《みみょうこうけつ》なり。舎利弗《しゃりほつ》、極楽国土《ごくらくこくど》には、是《か》くの如《ごと》きの功徳荘厳《くどくしょうごん》を成就《じょうじゅ》せり。

又舎利弗《またしゃりほつ》、彼《か》の仏国土《ぶっこくど》には、常《つね》に天楽《てんがく》を作《な》す。黄金《おうごん》を地《じ》と為《せ》り。昼夜六時《ちゅうやろくじ》に、曼陀羅《まんだら》華《け》を雨《ふ》らす。其《そ》の国《くに》の衆生《しゅじょう》、常《つね》に清旦《しょうたん》を以《もっ》て、各《おのおの》衣裓《えこく》を以《もっ》て、衆《もろもろ》の妙華《みょうけ》を盛《い》れて、他方十万億《たほうじゅうまんおく》の仏《ぶつ》を供養《くよう》したてまつる。即《すなわ》ち食時《じきじ》を以《もっ》て、本国《ほんごく》に還《かえ》り到《いた》りて、飯食《ぼんじき》し経《きょう》行《ぎょう》す。舎利弗《しゃりほつ》、極楽国土《ごくらくこくど》には、是《か》くの如《ごと》きの功徳荘厳《くどくしょうごん》を成就《じょうじゅ》せり。

復次《またつぎ》に、舎利弗《しゃりほつ》、彼《か》の国《くに》には常《つね》に種種奇妙《しゅじゅきみょう》雑色《ざっしき》の鳥有《とりあ》り。白鵠《びゃっこう》、孔雀《くじゃく》、鸚鵡《おうむ》、舎利《しゃり》、迦陵頻伽《かりょうびんが》、共命《ぐみょう》の鳥《とり》なり。是《こ》の諸衆《もろもろ》の鳥《とり》、昼夜六時《ちゅうやろくじ》に和雅《わげ》の音《こえ》を出《いだ》す。其《そ》の音《こえ》、五根《ごこん》、五力《ごりき》、七菩提分《しちぼだいぶん》、八聖道分《はっしょうどうぶん》、是《か》くの如《ごと》き等《ら》の法《ほう》を演暢《えんちょう》す。其《そ》の土《ど》の衆生《しゅじょう》、是《こ》の音《こえ》を聞《き》き已《おわ》りて、皆悉《みなことごと》く仏《ぶつ》を念《ねん》じ、法《ほう》を念《ねん》じ、僧《そう》を念《ねん》ず。

舎利弗《しゃりほつ》、汝《なんじ》、此《こ》の鳥《とり》は実《じつ》に是罪報《これざいほう》の所生《しょしょう》なりと謂《おも》うこと勿《なか》れ。所以《ゆえ》は何《いか》ん。彼《か》の仏《ぶっ》国土《こくど》には三悪趣《さんあくしゅ》無《な》ければなり。舎利弗《しゃりほつ》、其《そ》の仏国土《ぶっこくど》には、尚三悪道《なおさんあくどう》の名《な》無《な》し。何《いか》に況《いわ》んや実有《じつあ》らんや。是《こ》の諸衆《もろもろ》の鳥《とり》、皆是阿弥陀仏《みなこれあみだぶつ》の、法音《ほうおん》を宣流《せんる》せしめんと欲《ほっ》して、変化《へんげ》して作《な》したまう所《ところ》なり。舎利弗《しゃりほつ》、彼《か》の仏国土《ぶっこくど》には、微風《みふう》吹《ふ》いて、諸《もろもろ》の宝行樹《ほうごうじゅ》及《およ》び宝羅網《ほうらもう》を動《うご》かして、微妙《みみょう》の音《こえ》を出《い》だす。譬《たとえ》ば百千種《ひゃくせんしゅ》の楽《がく》を同時《どうじ》に倶《とも》に作《な》すが如《ごと》し。是《こ》の音《これ》を聞《き》く者《もの》は、皆自然《みなじねん》に念仏《ねんぶつ》、念法《ねんぽう》、念僧《ねんそう》の心《しん》を生《しょう》ず。舎利弗《しゃりほつ》、其《そ》の仏国土《ぶっこくど》には、是《か》くの如《ごと》きの功徳荘厳《くどくしょうごん》を成就《じょうじゅ》せり。

舎利弗《しゃりほつ》、汝《なんじ》が意《こころ》に於《お》いて云何《いかん》ぞ。彼《か》の仏《ぶつ》を何《なに》の故《ゆえ》ぞ阿弥陀《あみだ》と号《ごう》する。舎利弗《しゃりほつ》、彼《か》の仏《ぶつ》の光明《こうみょう》、無量《むりょう》にして、十方《じっぽう》の国《くに》を照《て》らすに、障礙《しょうげ》する所無《ところな》し。是《こ》の故《ゆえ》に号《ごう》して阿弥《あみ》陀《だ》とす。又舎利弗《またしゃりほつ》、彼《か》の仏《ぶつ》の寿命《じゅみょう》及《およ》び其《そ》の人民《にんみん》も、無量無辺阿僧祇劫《むりょうむへんあそうぎこう》なり。故《ゆえ》に阿弥《あみ》陀《だ》と名《な》づく。

舎利弗《しゃりほつ》、阿弥陀仏《あみだぶつ》、成仏《じょうぶつ》より已来《このかた》、今《いま》に十劫《じっこう》なり。又舎利弗《またしゃりほつ》、彼《か》の仏《ぶつ》に、無量無辺《むりょうむへん》の声聞弟子《しょうもんでし》有《あ》り。皆阿羅漢《みなあらかん》なり。是算数《これさんじゅ》の能《よ》く知《し》る所《ところ》に非《あら》ず。諸《もろもろ》の菩薩衆《ぼさつしゅ》も、亦復是《またか》くの如《ごと》し。舎利弗《しゃりほつ》、彼《か》の仏国土《ぶっこくど》には、是《か》くの如《ごと》きの功徳荘厳《くどくしょうごん》を成就《じょうじゅ》せり。

又舎利弗《またしゃりほつ》、極楽国土《ごくらくこくど》には、衆生《しゅじょう》生《しょう》ずる者《もの》は皆是阿鞞跋致《みなこれあびばっち》なり。其《そ》の中《なか》に、多《おお》く一《いっ》生補処《しょうふしょ》有《あ》り。其《そ》の数《かず》甚《はなは》だ多《おお》し。是算数《これさんじゅ》の能《よ》く之《これ》を知《し》る所《ところ》に非《あら》ず。但《ただ》、無量無辺阿僧祇《むりょうむへんあそうぎ》劫《こう》を以《もっ》て説《と》くべし。

舎利弗《しゃりほつ》、衆生聞《しゅじょうき》かん者《もの》は、応当《まさ》に発願《ほつがん》して、彼《か》の国《くに》に生《うま》れんと願《がん》ずべし。所以《ゆえ》は何《いか》ん。是《か》くの如《ごと》きの諸上善人《しょじょうぜんにん》と倶《とも》に、一処《いっしょ》に会《え》することを得《う》ればなり。舎利弗《しゃりほつ》、少善根《しょうぜんごん》福徳《ふくとく》の因縁《いんねん》を以《もっ》て、彼《か》の国《くに》に生《う》まるることを得《う》べからず。

舎利弗《しゃりほつ》、若《も》し善男子《ぜんなんし》、善女人《ぜんにょにん》有《あ》りて、阿弥陀仏《あみだぶつ》を説《と》くを聞《き》きて、名号《みょうごう》を執持《しゅうじ》すること、若《も》しは一日《いちにち》、若《も》しは二日《ににち》、若《も》しは三日《さんにち》、若《も》しは四日《しにち》、若《も》しは五日《ごにち》、若《も》しは六日《ろくにち》、若《も》しは七日《しちにち》、一心《いっしん》にして乱《みだ》れざれば、其《そ》の人《ひと》、命終《みょうじゅう》の時《とき》に臨《のぞ》みて、阿弥陀仏《あみだぶつ》、諸《もろもろ》の聖《しょう》衆《じゅ》と与《とも》に現《げん》じて、其《そ》の前《まえ》に在《ましま》す。是《こ》の人終《ひとおわ》る時《とき》、心顚倒《しんてんどう》せずして、即《すなわ》ち阿弥陀仏《あみだぶつ》の極楽《ごくらく》国土《こくど》に往生《おうじょう》することを得《う》。舎利弗《しゃりほつ》、我《われ》是《こ》の利《り》を見《み》るが故《ゆえ》に、此《こ》の言《ごん》を説《と》く。若《も》し衆生《しゅじょう》有《あ》りて、是《こ》の説《せつ》を聞《き》かん者《もの》は、応当《まさ》に発願《ほつがん》して彼《か》の国土《こくど》に生《しょう》ずべし。

舎利弗《しゃりほつ》、我《わ》が今者《いま》阿弥陀仏《あみだぶつ》の不可思議《ふかしぎ》の功徳《くどく》を讃歎《さんだん》するが如《ごと》く、東方《とうほう》に、亦《また》、阿閦鞞《あしゅくび》仏《ぶつ》、須弥相仏《しゅみそうぶつ》、大須弥仏《だいしゅみぶつ》、須弥光仏《しゅみこうぶつ》、妙音仏《みょうおんぶつ》、是《か》くの如《ごと》き等《ら》の恒河沙数《ごうがしゃしゅ》の諸仏《しょぶつ》有《ましま》して、各《おのおの》其《そ》の国《くに》に於《お》いて、広長《こうちょう》の舌相《ぜっそう》を出《いだ》して、遍《あまね》く三千大千世界《さんぜんだいせんせかい》に覆《おお》いて、誠実《じょうじつ》の言《ごん》を説《と》きたまう。汝等衆生《なんじらしゅじょう》、当《まさ》に是《こ》の称讃不可思議功徳一切諸仏所護念経《しょうさんふかしぎくどくいっさいしょぶつしょごねんぎょう》を信《しん》ずべし。

舎利弗《しゃりほつ》、南方世界《なんぽうせかい》に、日月灯仏《にちがつとうぶつ》、名聞光仏《みょうもんこうぶつ》、大焔肩仏《だいえんけんぶつ》、須弥灯仏《しゅみとうぶつ》、無量精進仏《むりょうしょうじんぶつ》、是《か》くの如《ごと》き等《ら》の恒河沙数《ごうがしゃしゅ》の諸仏《しょぶつ》有《ましま》して、各《おのおの》其《そ》の国《くに》に於《お》いて、広長《こうちょう》の舌相《ぜっそう》を出《いだ》して、遍《あまね》く三千大千世界《さんぜんだいせんせかい》に覆《おお》いて、誠実《じょうじつ》の言《ごん》を説《と》きたまう。汝等衆生《なんじらしゅじょう》、当《まさ》に是《こ》の称讃不可思議功《しょうさんふかしぎく》徳一切諸仏所護念経《どくいっさいしょぶつしょごねんぎょう》を信《しん》ずべし。

舎利弗《しゃりほつ》、西方世界《さいほうせかい》に、無量寿仏《むりょうじゅぶつ》、無量相仏《むりょうそうぶつ》、無量幢仏《むりょうどうぶつ》、大光仏《だいこうぶつ》、大明仏《だいみょうぶつ》、宝相仏《ほうそうぶつ》、浄光仏《じょうこうぶつ》、是《か》くの如《ごと》き等《ら》の恒河沙数《ごうがしゃしゅ》の諸仏《しょぶつ》有《ましま》して、各《おのおの》其《そ》の国《くに》に於《お》いて、広長《こうちょう》の舌相《ぜっそう》を出《いだ》して、遍《あまね》く三千大千世界《さんぜんだいせんせかい》に覆《おお》いて、誠実《じょうじつ》の言《ごん》を説《と》きたまう。汝等衆生《なんじらしゅじょう》、当《まさ》に是《こ》の称《しょう》讃《さん》不《ふ》可《か》思《し》議《ぎ》功《く》徳《どく》一《いっ》切《さい》諸《しょ》仏《ぶつ》所《しょ》護《ご》念《ねん》経《ぎょう》を信《しん》ずべし。

舎利弗《しゃりほつ》、北方《ほっぽう》世界《せかい》に、焔肩仏《えんけんぶつ》、最勝音仏《さいしょうおんぶつ》、難沮仏《なんそぶつ》、日生仏《にっしょうぶつ》、網明仏《もうみょうぶつ》、是《か》くの如《ごと》き等《ら》の恒河沙《ごうがしゃ》数《しゅ》の諸仏《しょぶつ》有《ましま》して、各《おのおの》其《そ》の国《くに》に於《お》いて、広長《こうちょう》の舌相《ぜっそう》を出《いだ》して、遍《あまね》く三千大千《さんぜんだいせん》世界《せかい》に覆《おお》いて、誠実《じょうじつ》の言《ごん》を説《と》きたまう。汝等《なんじら》衆生《しゅじょう》、当《まさ》に是《こ》の称讃《しょうさん》不可思議《ふかしぎ》功徳《くどく》一切諸《いっさいしょ》仏所護念経《ぶつしょごねんぎょう》を信《しん》ずべし。

舎利弗《しゃりほつ》、下方《げほう》世界《せかい》に、師子仏《ししぶつ》、名聞仏《みょうもんぶつ》、名光仏《みょうこうぶつ》、達摩仏《だつまぶつ》、法幢仏《ほうどうぶつ》、持法仏《じほうぶつ》、是《か》くの如《ごと》き等《ら》の恒河沙数《ごうがしゃしゅ》の諸仏《しょぶつ》有《ましま》して、各《おのおの》其《そ》の国《くに》に於《お》いて、広長《こうちょう》の舌相《ぜっそう》を出《いだ》して、遍《あまね》く三千《さんぜん》大千世界《だいせんせかい》に覆《おお》いて、誠実《じょうじつ》の言《ごん》を説《と》きたまう。汝等《なんじら》衆生《しゅじょう》、当《まさ》に是《こ》の称讃《しょうさん》不可思議《ふかしぎ》功徳一《くどくいっ》切諸仏所護念経《さいしょぶつしょごねんぎょう》を信《しん》ずべし。

舎利弗《しゃりほつ》、上方《じょうほう》世界《せかい》に、梵音仏《ぼんおんぶつ》、宿王仏《しゅくおうぶつ》、香上仏《こうじょうぶつ》、香光仏《こうこうぶつ》、大焔肩仏《だいえんけんぶつ》、雑色宝華厳身《ざっしきほうけごんしん》仏《ぶつ》、娑羅樹王仏《しゃらじゅおうぶつ》、宝華徳仏《ほうけとくぶつ》、見一切義仏《けんいっさいぎぶつ》、如須弥山仏《にょしゅみせんぶつ》、是《か》くの如《ごと》き等《ら》の恒河沙数《ごうがしゃしゅ》の諸仏《しょぶつ》有《まします》して、各《おのおの》其《そ》の国《くに》に於《お》いて、広長《こうちょう》の舌相《ぜっそう》を出《いだ》して、遍《あまね》く三千大千世界《さんぜんだいせんせかい》に覆《おお》いて、誠実《じょうじつ》の言《ごん》を説《と》きたまう。汝等衆生《なんじらしゅじょう》、当《まさ》に是《こ》の称讃《しょうさん》不可思議《ふかしぎ》功徳《くどく》一切諸仏所護念経《いっさいしょぶつしょごねんぎょう》を信《しん》ずべし。

舎利弗《しゃりほつ》、汝《なんじ》が意《こころ》に於《お》いて云何《いかん》ぞ。何《なに》が故《ゆえ》ぞ、名《な》づけて一切諸仏所護念経《いっさいしょぶつしょごねんぎょう》と為《す》る。舎《しゃ》利弗《りほつ》、若《も》し善男子善女人《ぜんなんしぜんにょにん》有《あ》りて、是《こ》の諸仏所説《しょぶつしょせつ》の名《みな》、及《およ》び経《きょう》の名《みな》を聞《き》かん者《もの》は、是《こ》の諸《もろもろ》の善男子善女人《ぜんなんしぜんにょにん》、皆一切諸仏《みないっさいしょぶつ》に為《な》られて共《とも》に護念《ごねん》せられ、皆阿耨多羅三藐三菩提《みなあのくたらさんみゃくさんぼだい》を退転《たいてん》せざることを得《う》。是《こ》の故《ゆえ》に舎利弗《しゃりほつ》、汝等《なんじら》、皆当《みなまさ》に我《わ》が語《ご》、及《およ》び諸仏《しょぶつ》の所説《しょせつ》を信受《しんじゅ》すべし。舎利弗《しゃりほつ》、若《も》し人《ひと》有《あ》りて已《すで》に発願《ほつがん》し、今発願《いまほつがん》し、当《まさ》に発願《ほつがん》して、阿弥陀仏国《あみだぶっこく》に生《しょう》ぜんと欲《おも》わん者《もの》は、是《こ》の諸《もろもろ》の人等《ひとら》、皆阿耨多羅三藐三菩提《みなあのくたらさんみゃくさんぼだい》を退転《たいてん》せざることを得《え》て、彼《か》の国土《こくど》に於《お》いて、若《も》しは已《すで》に生《しょう》じ、若《も》しは今生《いましょう》じ、若《も》しは当《まさ》に生《しょう》ぜん。是《こ》の故《ゆえ》に舎《しゃ》利弗《りほつ》、諸《もろもろ》の善男子善女人《ぜんなんしぜんにょにん》、若《も》し信《しん》ずること有《あ》らん者《もの》は、応当《まさ》に発願《ほつがん》して彼《か》の国土《こくど》に生《しょう》ずべし。

舎利弗《しゃりほつ》、我今《われいま》、諸仏《しょぶつ》の不可思議功徳《ふかしぎくどく》を称讃《しょうさん》するが如《ごと》く、彼《か》の諸仏等《しょぶつら》も、亦《また》、我《わ》が不《ふ》可思議功徳《かしぎくどく》を称説《しょうせつ》して、是《こ》の言《ごん》を作《な》したまう。釈迦牟尼仏《しゃかむにぶつ》、能《よ》く甚難希有《じんなんけう》の事《じ》を為《な》し、能《よ》く娑婆国土《しゃばこくど》の五濁悪世《ごじょくあくせ》の、劫濁《こうじょく》、見濁《けんじょく》、煩悩濁《ぼんのうじょく》、衆生濁《しゅじょうじょく》、命濁《みょうじょく》の中《なか》にして、阿《あ》耨多羅三藐三菩提《のくたらさんみゃくさんぼだい》を得《え》て、諸《もろもろ》の衆生《しゅじょう》の為《ため》に、是《こ》の一切世間難信《いっさいせけんなんしん》の法《ほう》を説《と》きたまうと。

舎利弗《しゃりほつ》、当《まさ》に知《し》るべし。我《われ》、五濁悪世《ごじょくあくせ》に於《お》いて、此《こ》の難事《なんじ》を行《ぎょう》じて、阿耨多羅三藐《あのくたらさんみゃく》三菩提《さんぼだい》を得《え》て、一切世間《いっさいせけん》の為《ため》に、此《こ》の難信《なんしん》の法《ほう》を説《と》く。是《これ》を甚難《じんなん》と為《す》。仏《ぶつ》、此《こ》の経《きょう》を説《と》き已《おわ》る。舎利弗《しゃりほつ》、及《およ》び諸《もろもろ》の比丘《びく》、一切世間《いっさいせけん》、天《てん》、人《にん》、阿修羅等《あしゅらとう》、仏《ぶつ》の所説《しょせつ》を聞《き》きて、歓喜《かんぎ》し信受《しんじゅ》して、礼《らい》を作《な》して去《さ》りにき。

仏説阿弥陀経《ぶっせつあみだきょう》

（真宗佛光寺派『真宗聖典 聖教篇』より）

『阿弥陀経』ツアー参加者の皆さまへ

参考書籍リスト

『阿弥陀経』について

『釈尊の呼びかけを聞く　阿弥陀経入門』
一楽真（東本願寺出版）

お経さん全文の書き下し、そして意訳も収録されています。優しく話しかけるような文章に引き込まれます。

『浄土三部経講義』
柏原祐義（平楽寺書店）

漢文、書き下し、言葉の説明、そして講義と、丁寧にお経さんと向き合うことが出来る本です。ちょっとお値段お高めですが、見つけたら買いです！

『浄土三部経の意訳と解説』
高木昭良（永田文昌堂）

この本も丁寧に解説がされているので、お経さんの内容を詳しく知りたい方は手に取ってみてください。

『阿弥陀経講話・正信偈講話』
金子大榮（コマ文庫）

昭和九年五月から十月までに行われた全五回の講話が本にまとめられたものです。話し口調で書かれています。

お釈迦さまのお弟子さんたちについて

『仏弟子伝』
山邊習学（法蔵館）

丁寧に仏弟子の方々について書かれていて、読み物としても楽しめる内容です。それぞれのエピソードに、細かく出典が示されているので、学びを深めたい人にもおススメ。

『釈尊をめぐる人びと 佛弟子群像』
宮城しずか（真宗大谷派名古屋別院教務部）

『阿弥陀経』に登場する、舎利弗さん、摩訶目犍連さん、摩訶迦葉さん、周利槃陀伽さん、難陀さん、阿難陀さん、羅睺羅さん、阿㝹楼駄さんたちが紹介されています。

『釈尊をめぐる人びと 続・佛弟子群像』
宮城しずか（真宗大谷派名古屋別院教務部）

『阿弥陀経』に登場する、摩訶迦旃延さん、賓頭盧頗羅堕さん、迦留陀夷さんたち、そして『阿弥陀経』が説かれた祇園精舎を寄進した、スダッタ長者が紹介されています。

『十六羅漢 阿弥陀経ナレーション』
高下恵（探究社）

『阿弥陀経』にお名前が登場する十六人のお弟子さんすべてについて解説されています。

『仏弟子ものがたり』
鷲津清静（白馬社）

『阿弥陀経』にお名前が登場する十六人のお弟子さんだけでなく、他のお弟子さんたちの物語です。

『ブッダのお弟子さん 教えをつなぐ物語』
『ブッダのお弟子さん 教えをつなぐ物語 別冊』
龍谷大学 龍谷ミュージアム

二〇二二年に龍谷ミュージアムで行われた特別展の図録です。写真も多く、お弟子さんたちが近く感じられます。

あとがき

大行寺の境内には一本の枝垂れ梅があり、毎年たくさんの花を咲かせます。その中の一輪の花。いえ、もっと多くの木、譬えるなら十本の、いえ百本の満開の梅の木の中の、たった一輪の花との出合いのように、たくさんの本の中から、この一冊と出合ってくださったこと。今、こうして、お手に取ってくださったこと、ありがとうございます。嬉しいです。

さて、この本のテーマである『阿弥陀経』のことは、お恥ずかしながら「長いお経さんだなぁ」としか思っていませんでした。今から思えばそんなに長くはないのですが、子どもの頃は、意味がわからないし、退屈だし、正座した足は痺れるし、早く読経が終わらないかなぁと思っていた記憶があります。

時を経て、『阿弥陀経』は浄土真宗で大事にされている三つのお経さんのひとつで、

「小経」とも呼ばれていると知った時は驚きました。えー！　長いと思っていたけど、これで〝小〟なの?!　と。同時に、少しずつその内容に触れ、お経さんの言葉に託された願いを知らされていくと、面白くなってきました。そして、月参りやご法事など、ご門徒さんのお宅で『阿弥陀経』をお勤めした後には、私自身が「面白い！」と感動したことを話すようになっていきました。そこでの話が、この本の基になっています。

とは言っても、十年近いアメリカ生活の後、日本に帰国するまでは「長いお経」だと思っていた私です。『阿弥陀経』の本を書くなんて、おそれ多いと言いますか、きっとお釈迦さまもびっくりです。もしかしたら、そんなことは説いてないと、お叱りを受けてしまうかもしれません。

実は、二〇一〇年に帰国してからは、ご縁をいただき大谷大学で聴講生として学んでいます。「この先生のお話をお聞かせいただきたい！」と、迷惑も顧みず勝手に師事している一楽真先生がおられるからです。現在は学長の任に就かれ多忙を極めておられますが、そんなことはお構いなしに、この本の執筆中わからないことがあると「先生～」と、駆けこむこと幾度。ほんと、ごめんなさい。けれども残念ながら、というか当然のことながら、私が欲しい答えはくださりません。お経さんの現代語訳の表現であったり、教えの受け止め方であったり、「これでいい？　私、間違ってない？」と。原稿の締め切りも迫り、答えを早く教えてくれと鬼気迫る（たぶん）私に、先生は優しく微笑んで「僕は一番目の読者だよ。最初に読ませてもらって、ありがたい」と。いやいや先生！　そんな悠長なこと言わんといてーと、思いましたが、ハッとさせられました。

教えを拠り所とされている先生に対して、私は先生を拠り所としているのです。これは大きな違いです。そして、他でもないこの『阿弥陀経』は、誰かや何かを拠り所、言葉を換えれば、アテにする方法が説かれたお経さんではありません。真実の拠り所である、阿弥陀さまと、その国について説かれたお経さんです。それについて大真面目に書いている私が、いいアテがあると、いつしか先生を拠り所にしていたのです。本末転倒、滑稽ですね。

と言いましたが正直なところ、この本を書き終えるまで幾度となく脳内では「先生〜」と叫んでいました。例えば目次です。私が書いて送った原稿に、編集者さんが見出しをつけてくださるのですが、第四章の1は「願いを発すとき」となっていました。

この本を読んでくださった方はお気づきだと思いますが、願いは自分ではおこせず、おこされるものです。では「発す」という漢字はどうでしょう。「起こす」ではないのかな？　脳内では「先生どっち？」という声が聞こえますが、先ずはお経さんです。『阿弥陀経』には「是故舎利弗、諸善男子善女人、若有信者、応当発願　生彼国土。」、「是《こ》の故《ゆえ》に舎利弗、諸《もろもろ》の善男子善女人《ぜんなんしぜんにょにん》、若《も》し信ずること有らん者は、応当《まさ》に発願《ほつがん》して彼《か》の国土に生ずべし。」とあるので、「発」でいこう。では6の「未来に願いを発す者」はどうだ？「未来に願いが発される者」ではないのかな？　確かに自分からだと「発される」ですが、お釈迦さまからだと「応当《まさ》に願を発《おこ》してかの国土に生ずべし。」だから、このままでいこう。このように先生には、答えではなく、常にお聖教に向き合うという学び方を教えていただいた思いがします。

本文中の登場人物である添乗員は、読者の皆さまに自分自身のこととして読んでいただきたいと思い、あえて性別を断定できる表現を避けました。男性だと思われた方、そして女性だと思われた方は、なぜ？　そう思われたのか。そこに無意識の「量る」があるのかもしれませんね。

最後になりましたが、丁寧にこの本に向き合い、私に寄り添い続けてくださった春秋社の柳澤友里亜さん、ありがとうございます。おかげさまで素敵な本になりました。そして、いつも深い愛情と共にサポートしてくれている父と母にも、ありがとうの言葉を。

梅香るうららかな京都　大行寺にて

英　月

著者略歴

英月（えいげつ）

写真：松村シナ

京都市生まれ。真宗佛光寺派大行寺住職。情報報道番組でコメンテーターを務めるほか、バラエティ番組、ラジオ番組などに出演。毎日新聞で映画コラム「英月の極楽シネマ」を連載中。国内外にて講演多数。著書は『二河白道ものがたり――いのちに目覚める』（春秋社）ほか多数。『お見合い35回にうんざりしてアメリカに家出して僧侶になって帰ってきました。』（幻冬舎）は台湾でも翻訳刊行された。

X：英月（@Eigetsu5）

Instagram：英月（@eigetsu_kyoto）

浄土の歩き方
——行きたいと思ったときに来てくれるのが阿弥陀の国！

2024年3月20日　第1刷発行

著　　者　英月
発 行 者　小林公二
発 行 所　株式会社 春秋社
〒101-0021　東京都千代田区外神田2-18-6
電話　03-3255-9611（営業）
03-3255-9614（編集）
振替　00180-6-24861
https://www.shunjusha.co.jp/
装丁・イラスト　河村誠
印刷・製本　萩原印刷株式会社

ISBN978-4-393-16214-9　定価はカバー等に表示してあります

英月

そのお悩み、親鸞さんが解決してくれます

英月流「和讃」のススメ

人の悩みは、今も昔もたいして変わらないもの。尽きぬ悩みをざっくり恋愛・仕事・人生にわけて、著者が親鸞さんの詩歌（和讃）で解決します！仏教ファン待望の和讃の入門書。

一八七〇円

英月

二河白道ものがたり

いのちに目覚める

「二河白道」、空しさをこえる白い道を求めて生きる、三人の女性。その波瀾万丈の生き様と心の軌跡を描き、二河白道図の秘められた真実を明らかにする、いのち煌めく物語。

一九八〇円

▼価格は税込（10％）